高等教育的理论和方法研究

乔畅鸿 卢凤华 许 静 ◎ 著

吉林出版集团股份有限公司

图书在版编目（CIP）数据

高等教育的理论和方法研究 / 乔畅鸿，卢凤华，许静著. — 长春：吉林出版集团股份有限公司，2022.9
ISBN 978-7-5731-2153-0

Ⅰ. ①高… Ⅱ. ①乔… ②卢… ③许… Ⅲ. ①高等教育—研究 Ⅳ. ①G64

中国版本图书馆 CIP 数据核字 (2022) 第 172964 号

高等教育的理论和方法研究

著　　者	乔畅鸿　卢凤华　许　静
责任编辑	白聪响
封面设计	林　吉
开　　本	787mm×1092mm　1/16
字　　数	220 千
印　　张	10
版　　次	2022 年 9 月第 1 版
印　　次	2022 年 9 月第 1 次印刷
出版发行	吉林出版集团股份有限公司
电　　话	总编办：010-63109269
	发行部：010-63109269
印　　刷	廊坊市广阳区九洲印刷厂

ISBN 978-7-5731-2153-0　　　　　　　　　定价：68.00 元

版权所有　侵权必究

前 言

随着我国经济文化事业的高速发展,高等教育事业发展如雨后春笋、欣欣向荣,有力地促进了我国国民素质的综合提升和社会的整体发展进步。高等教育一直在我国教育领域高端前沿,因此在发展进程中面临的挑战更加严峻,更需要从事高校教育研究工作者深入反思、不断创新,制定出科学合理的措施。探索高等教育的办学理念和优化教育形式,以适应新时期教育发展的激烈竞争局面,为国家的整体教育发展做出应有贡献。本书通过深入研究分析归结出了当前我国高等教育中存在的问题,提出了提高我国高等教育发展的策略建议,为高校发展研究提供了一定的借鉴。

当前,我国在社会主义核心价值观体系的正确引领下步入高度文明发展的不断探索前行阶段。我国科技创新的人才发展战略也在不断发展推进。在高等教育发展具有广阔发展提高空间的同时,也面临着更多挑战。因此,高等教育如何结合新时期院校教育发展实际和自身特色,制定出科学合理的建设性新时期发展规划,并敢于立足时代积极创新是当前高等教育发展提高的紧迫任务。

当前现代化的高等教育管理观念的不断更新和科学性更强的人才培养体制,已经在高校得以推进。但是高校管理者要把超前的科学管理理念和院校自身发展特色,与实际情况相结合,充分挖掘高校自身人才资源储备科学有效地进行人才提高培养和学术的实践研究,以更好地发挥社会服务效能,实现自身规划的各阶段任务目标,促进教育质量整体提升。

高等教育要想在新的历史时期获得更大发展,提升教育质量,就必须拓宽经费投入来源渠道,加强内部关机机制建设,指明人才多元化培养方向,时刻了解社会对人才的现实需求,不断深化改革拓宽发展思路,才能真正获得长足的发展提高。

为了提升本书的学术性与严谨性,在撰写过程中,笔者参阅了大量的文献资料,引用了诸多专家学者的研究成果,因篇幅有限,不能一一列举,在此一并表示最诚挚的感谢。由于时间仓促,加之笔者水平有限,在撰写过程中难免出现不足的地方,希望各位读者不吝赐教,提出宝贵的意见,以便笔者在今后的学习中加以改进。

目 录

第一章 高等教育概述 ·················· 1
 第一节 高等教育的概念 ·················· 1
 第二节 高等教育的历史发展 ·················· 3
 第三节 高等教育面临的现实问题 ·················· 14

第二章 高等教育学的基本理论 ·················· 24
 第一节 中国高等教育学基本理论述评 ·················· 24
 第二节 中国高等教育学基本理论建构 ·················· 34

第三章 高等教育的本质与属性 ·················· 53
 第一节 教育本质研究的哲学基础 ·················· 53
 第二节 高等教育本质 ·················· 57
 第三节 高等教育的属性 ·················· 62

第四章 高等教育的目的与功能 ·················· 66
 第一节 高等教育的目的 ·················· 66
 第二节 高等教育的功能 ·················· 71

第五章 高等教育改革过程理论 ·················· 82
 第一节 高等教育改革过程的战略 ·················· 82
 第二节 高等教育改革过程的策略 ·················· 88

第六章 高等教育体制和运行机制 ·················· 96
 第一节 高等教育体制的含义和分类 ·················· 96
 第二节 外国高等教育体制简析 ·················· 98
 第三节 我国高等教育体制 ·················· 101
 第四节 高等教育的运行机制 ·················· 104

第七章 高等教育教学方法 ·················· 111
 第一节 关于教学方法的几个基本理论问题 ·················· 111
 第二节 制约教学方法选择的因素 ·················· 114

  第三节 高等学校常用的几种传统教学方法 …………………………… 120

  第四节 几种新的教学方法介绍 …………………………………………… 129

  第五节 当代世界高校教学方法改革的趋势 …………………………… 132

第八章 高等学校的教育教学评价 ……………………………………………… 136

  第一节 教育教学评价概述 ……………………………………………… 136

  第二节 高等学校教育教学评价的理论与方法 ………………………… 139

  第三节 高等学校的学生评估 …………………………………………… 143

  第四节 高等学校教师教学水平的评价 ………………………………… 148

参考文献 …………………………………………………………………………………… 150

第一章　高等教育概述

第一节　高等教育的概念

"高等教育"是高等教育学学科体系中的中心概念，对于这一概念的含义，国内外不少学者进行了持续、艰苦的探索。1962年，联合国教科文组织在非洲召开由44个国家参加的高教会议，对高等教育做如下定义："高等教育是指大学、文学院、理工学院和师范学院等机构所提供的各种类型的教育而言，其基本入学条件为完成中等教育，一般入学年龄为18岁，学完课程后授予学位、文凭或证书，作为完成高等学业的证明。"因各国对各级教育机构命名不一，教育体制各不相同，这一解释显然不够全面。《实用教育大词典》解释："高等教育是建立在中等教育基础上的各种专业教育。程度上一般分专科、本科和研究生。教学组织的形式有全日制的和业余的、面授的和非面授的、学校形式的和非学校形式的等等。高等教育一般担负着培养各种专门人才和开展科学研究的双重任务。实施高等教育的机构通常是大学、学院和专科学校。"也有论者认为："高等教育是建立在普通教育基础上的专业教育，以培养专门人才为目标，一般全日制本科生的年龄是20岁左右，他们的身心发展已趋成熟。"还有论者这样界定："高等教育是在接受完中等教育的基础上，在国家认可的高等教育机构接受一年以上的专业教育的教育，一般入学年龄在18岁以上。"这些定义方法，为我们提供了一种思路。

综上所述，我们不难发现，各种高等教育概念的界定或广义或狭义都包括了两个方面的内容，一是高等教育的起点或基础，二是高等教育的性质。从高等教育的起点或基础来看，高等教育建立于完全的中等教育基础之上，即在具备了普通中等教育的文化基础之后，有了进一步学习专业知识的条件。从高等教育的性质来看，高等教育是一种专业教育，它所培养的人才是社会上从事专业工作的高级专门人才，而专门人才的类型是多样的，既有学术型、研究型的，也有应用型、技术型的。为此，高等教育的概念可界定为：高等教育是在完全的中等教育基础上进行的专业教育，是培养高级专门人才的一种社会活动。这里的"完全中等教育"是使"专业教育"这一概念上升到"高等教育"概念的重要的、现实的中介范畴，高等教育是"专业教育"和"完全中等教育"两个范畴的逻辑展开。为了更好地理解高等教育概念，需要进一步把握高等教育的以下基本特征。

（一）高等教育是建立在完全中等教育基础之上的

高等教育的"高"是以完全中等教育作为参照系的，学生只有在接受了完全中等教育并获得毕业后，方有可能再接受高等教育。我国《教育法》规定，国家实行学前教育、初等教育、中等教育、高等教育的学校教育制度。学生在接受了中等教育中的初级教育（初中）以后，可以继续在普通中学接受高级阶段的高中教育，也可以进入中等师范学校、中等专业学校、中等技术或职业高级中学以完成全部的中等教育。完全中等教育包括初中与普通高中的组合，也包括初中分别与中师、中专、中技和职业高中的组合。显而易见，完全中学后教育与中学后教育是有区别的，中学后教育包括高等教育但不都是高等教育。

（二）高等教育是一种专业教育，即按专业类别培养人才的活动

无论是单科大学、多科大学，还是综合大学，只要实施的是专业教育，就都属于高等教育。同时，由于专业教育具有深而专门的特点，其质量必须有一定的标准做保证，否则会降低高等教育的价值。专业教育应当在国家设立或认可的高等教育机构中进行，其学习时间在两年以上。我国的专科教育一般为2~3年，本科教育一般为4~5年。根据这样的规定，那些岗位证书班、短期培训、职称补习、助学进修之类的教育均不能称为高等教育。但也不能把高等教育仅仅局限在全日制普通的大学或学院之内，各种成人高等教育也属于高等教育，这不是本书讨论的范围。是否属于高等教育既要察其是否规范，更应看它所进行的教育的内容、质量、水平是否在"完全中等教育"基础之上及所达到的专深程度。

（三）高等教育是学术性与职业性有机结合的教育

学术与职业的关系问题随着高等教育的发端而产生并伴随始终，而且在不同角度表现出多种形式。在价值观上表现为社会导向与学术导向的关系，在结构与布局上体现为"学"与"术"的关系，在教学和课程上反映为基础与应用的关系。究其本源，学术性指学问、科学，是认识论的范畴，解决"是什么"与"为什么"的问题；职业性是指技术、手段、方法，属于实践论的范畴，解决"如何去做"的问题。历史上不同时期不同国家的高等教育在处理这一关系时往往偏于一方，如欧洲大陆各国，尤其以德国为代表，曾一度重学轻术，而第二次世界大战后的美国和日本则一度重术轻学。随着社会经济和科学技术的进步，高等教育相应实现多层次、多规模办学后，要求高等教育将两者有机结合。在总体上可以有学术型、研究型与应用型、技术型的分工，各类高校根据自身条件发挥所长。各司其职，各安其位，在个体上虽有所侧重但兼有

两职,即使开展研究性的高等教育,也不能推卸技术性、职业性教育的责任;同样,以职业性教育为重点的高校也必须进行科学精神、研究意识的培育活动。

第二节 高等教育的历史发展

一、外国高等教育的发展历程

(一)高教萌芽时期(古希腊至 12 世纪)

追溯高等教育的起源,可遵循两条思路。一是高等教育的标准问题,把握了标准,便可对号入座。高等教育是一个历史的概念,我们虽不能用上述今天的标准去硬套,但一般而言,高等教育至少要满足的标准有三:①从所传授内容的性质来看,应属于专业教育;②从学制起点来看,应建立在基础教育之上;③从学术水平来看,应反映当时科学文化的最高成就。二是高等教育与生产力发达程度之间的关系问题。一般而言,生产力越发达,高等教育也就越有可能在这些国家或地区产生,据此亦可按图索骥。

以这两条标准衡量,古代的东方国家埃及、巴比伦、印度等国虽然最早进入奴隶社会,但其神庙学校、祭司学校、宫廷学校却非真正意义上的高等教育机构,顶多只具有高等教育的某种属性。因为这种教育是同低级阶段的教育连在一起的,没有分段;虽然在传授普通知识的同时,也教给学生一些诸如神学、医学、历史、占星术等较专门的知识,但并未形成专业。细究推考,在古希腊境内由智者派兴办的游学性质的修辞学校、柏拉图于公元前 387 年创办的阿卡德米学园、亚里士多德于公元前 335 年创办的"吕克昂"以及斯多噶学派、伊壁鸠鲁学派创办的哲学学校(后人统称为雅典大学)可视为西方高等教育之滥觞。这不但因为希腊、罗马是最先进入奴隶社会的西方国家,而且因为这些学校已基本达到了当时意义上的高等教育机构的标准或条件。

继雅典大学之后,古代外国先后诞生的高教机构还有亚历山大大学。在希腊化时期,位于埃及境内尼罗河入海口处的亚历山大里亚城兴起。统治埃及的托勒密王承继亚历山大大帝的衣钵,热心学术教育,建立的国家博物院内设文学、数学、天文、医学四部,并设有动物园、植物园、天文台、解剖室和图书馆,因而实际上它是一所大学,一个新的希腊学术中心,后人称其为亚历山大大学、君士坦丁堡大学,又称罗马大学,由罗马帝国政府于公元 425 年设置。7 世纪时,教学活动曾一度中断。公元 863 年,当时的东罗马皇帝米凯尔三世予以重建。该校曾一时名师云集,声誉鹊起。由于种种原因,这些古代高教机构先后衰落、湮没。西方的近现代大学直接发源承继于中世纪大学,而与它们之间几乎没有什么联系。

（二）高教初创时期（12世纪至英国资产阶级革命）

在 12 世纪，欧洲便开始出现一批最早的大学，主要有意大利的萨拉尔诺大学、波伦亚大学，法国的巴黎大学。在这三所"母大学"的影响和带动之下，此后，西欧许多国家又纷纷成立了一些大学。较著名的有英国的牛津大学、剑桥大学，意大利的那不勒斯大学，葡萄牙的里斯本大学等等。对此，政府和教皇或予以认可，或另行新建。结果，大学之涌现如雨后春笋。至 1400 年，全欧新建大学 22 所；至 1500 年，又另设 35 所；到 1600 年，大学总数已达 105 所。

中世纪大学的产生各有其具体原因。如萨拉尔诺大学位于那不勒斯附近，为疗养中心，一些王公贵族常到此疗养，十字军战役中的伤员亦送至此治疗。这样，客观上便有了办医疗学校的要求。波伦亚地处意大利北部商业要冲，过往商旅甚多，经济纠纷不断，加之城市当局同封建领主的矛盾、政权与教权之间的冲突等等，均客观上刺激了法学的发展，于是波伦亚便办了法律学校。但就总体而言，存在下述宏观背景：从生产力的发展来看，中世纪曾经粗暴地否定过古代的奴隶文明，但是封建社会取代奴隶社会又毕竟是一种历史的进步。封建制度确立之后，王权得到巩固，社会趋于稳定，城市开始出现，农业生产缓慢上升。国家和教会需要训练职员，社会也可以允许一部分人专心从事学术活动。在这种条件下，"集中发展教学和学习是很自然的事情"。

从文化的发展来看，中世纪大学受西方文化自身的发展和东方文化的输入两方面的影响。11 世纪末，西欧出现了最初的城市，市民阶层形成：由于资产阶级的前身——市民阶层处处受封建主的管辖以及天主教神学思想的奴役，因而他们迫切要求发展世俗性的文化教育，以利于从事工商贸易活动和反抗教会与世俗封建主的统治。罗马帝国分裂后，西罗马的教会势力异常强大，文化教育几乎全部为教会垄断。由于东罗马（拜占庭）存在统一的世俗政权，教会势力时常受到抑制，因而当时在西欧几乎全部被湮没的古希腊罗马文化能够在这里得到保存和发展。此外，东罗马在广泛的商业贸易往来中还吸收了伊朗、中国、印度等东方国家的一些文化成果，这使得它的文化成就当时高居于欧洲各国之上。从 12 世纪末开始，发生了持续近两个世纪之久的十字军东征，"从宗教的观点看，这些远征是一个不幸的失败"。但是，它加强了与东方文化的接触，开阔了西欧人的眼界，在客观上促使东罗马文化迅速传遍欧洲，为欧洲文化教育的发展包括中世纪大学的产生提供了重要条件。

从教会自身的发展、演变来看，城市的发展和"异端"思想的兴起，促使教会内部发生分裂，理性主义抬头。他们认为信仰必须以知识为基础，要具有说服力，而不能盲目信仰。这些不同的派别往往以大学作为活动阵地展开激烈的争论，它们各自的代表人物往往是大学里有重要影响的教授。这是促使大学产生和发展的一个重要因素。

中世纪大学产生于中世纪有其必然性和可能性。同时，也正是由于它在中世纪的母胎里孕育，因而必然要打上中世纪的烙印，具有那一时代的特点。

1. 自治性

中世纪大学起初属于行会性质的团体。教师和学生来自各地，无公民权，得不到城市民法的保护，因而需要组织起来，结成行会，以维护自己的利益。既然是行会组织，与政府之间就没有什么必然的联系，因而可以享受自治。此外，在中世纪，皇权与教权之间经常发生摩擦、斗争。为了各自的目的，国王和教皇往往乐意赐予大学以各种自治权，而大学也经常利用这种僧俗政权之间的矛盾来维护自己的独立地位。自治权在内部表现为大学实行自治，由学生或教师组成的行会来管理事务。结果，便形成"学生的大学"和"先生的大学"两种模式。自治权在外部表现为反对来自外界的干涉，享有各种特权，如免纳捐税、免服兵役、对师生行为的制裁权以及证书授予权、停讲权和迁移权、反对不公正待遇权等。当然，大学享有的自治地位和各种特权并不稳固，而是随着社会各种矛盾的发展而不断发生变化的。

2. 国际性

中世纪大学在招收学生和聘请教师方面没有国籍的限制。学生为了受到全面的教育，可以到各国的大学里"漫游"。如先在巴黎大学学习文法和哲学，再到波伦亚大学学习教会法规，然后回到巴黎大学研究神学，最后在英国读完硕士学位等等。当时，"每个大学的学生和职员集体是国际性的……哪里大学繁盛，哪里就可以找到教学和学习"。中世纪大学的国际性取决于三点：一是当时的民族国家尚未普遍兴起；二是西方世界通行拉丁语，无语言障碍；三是教会的国际性决定了中世纪大学的国际性。

3. 随意性

中世纪大学的早期办学带有极大的随意性，如在培养目标、学制、课程、结业资格等方面没有什么严格的限制。学生先学习文科5~7年，通过考试获得"学士""硕士"学位后，才能从法、医、神三科中选学一科。由此可见，这里的文科带有大学基础阶段教育的性质，专业教育与普通教育并未完全分离。至15世纪，文科才逐渐演变为大学预科或文科中学，大学学制才逐步完善。中世纪的大学起初规模小，设备简陋。教师有时租地方教学，有时在学生住所或街道旁讲学，一切以方便学生和能吸引听众为原则。此外，进大学的动机各人不一，有些人是为了研究和学习，也有些人是为了吃喝、享受大学所提供的东西。

由于种种原因，中世纪大学自16世纪走向衰落，17—18世纪跌入谷底，18世纪末开始复苏，19世纪才迈出现代化的步伐。尽管如此，中世纪大学的历史功绩却不可埋没。首先，它为欧洲近代大学的产生奠定了基础，实现了零的突破；其次，它将医学、法学等世俗性学科引进学校，是对神学独霸讲坛的突破；再次，它动摇了盲目信仰，启迪了辩论风气，是对传统教风的突破；最后，它利用僧俗政权之间的矛盾所争得的一定自治权，是对封建主、教会独占领导权的突破。正因如此，所以恩格斯赞誉备至，称它为中世纪盛开的"智慧的花朵"。

（三）高教成熟时期（英国资产阶级革命至"二战"前）

英国资产阶级革命标志着资本主义制度在世界范围内取代封建专制的开始，因而这时期的高等教育具有不同于中世纪的特点。

1. 国家开始进行干预

在某些国家，高等教育成为由国家主办、资助或依法管理的教育机构，教会对大学的控制遭到削弱。1806年，法国的拿破仑创立帝国大学，作为掌管全国教育行政的最高权力机构。帝国大学的总监由拿破仑本人挑选，大学区总长和大学教师则由帝国大学总监任命。神学院在获准开办之后，虽然拥有一定的自治权，但必须遵守神学院规程。在德国，普鲁士邦于1787年正式成立了高级学校委员会，负责管理中高等学校，其他各邦纷纷随之效法。1794年，普鲁士颁布的《民法》中规定，各级学校的设立须经国家允许，都要接受政府的监督。在俄国，沙皇政府时时试图控制大学，因而大学的自治权经常得而复失。十月革命胜利后，苏维埃政府颁布法令，实行教会与大学分离，国家对高等教育实行统一领导。日本的大学则一经成立便处于文部省的控制之下。英国的大学虽然享有充分的自治权，但仍受到国会立法的制约。当然，国家的干预主要属于外部的宏观调控，各国大学的内部均享有不同程度的自治。

2. 高教体系基本形成

由于各国建立高教体系所走过的道路不一样，高教体系的具体构成也不一样，所以高等教育具有不同的层次、类型和形式。

德国素有重视科学研究的传统，宗教改革时期成立的哈勒大学和格廷根大学起了带头作用。威廉·冯·洪堡于1810年创立的柏林大学则是德国大学教育的第二次革命。洪堡提出的"教学与科研统一""教学与科研自由"这两条原则，不但使德国的高等教育进入全盛时期，进而取代法国成为欧洲的科学中心，而且对其他国家的高校办学实践产生了重大影响。随着形势的发展，这种传统的大学已不能满足国家经济发展的需要，于是德国便纷纷建立工科大学和各种培养专门人才的学校，使不同层次、类型的高教机构互相配合，高教体系渐趋完善。

美国高教体系形成的过程恰好与德国相反。新中国成立之初，百废待兴，迫切需要具有实际本领的建设人才，美国审时度势，依据本国国情，抛弃移植、模仿，首创州立大学、赠地学院、社区学院，这些新型高教机构一经问世，便发展迅速，表现出强大的生命力。后来，美国感到只有实用性人才不行，于是在1876年仿效柏林大学模式，建立了约翰·霍普金斯大学，大力开展科学研究。"第一所大学"的建立改变了美国高教学术水平低的形象，同时又带动哈佛、耶鲁、普林斯顿等一批学院完成了向大学的转变。至此，美国高等教育已形成了由社区学院、本科生院、研究生院组成的比较完整的体系。

在英国，牛津、剑桥等 7 所古典大学等级森严，保守色彩浓厚，不能满足新兴工业资产阶级的需要。19 世纪初，以伦敦大学的成立为标志，英国掀起了一场兴办近代大学的运动。近代大学的一个显著特点就是与社会生活联系密切，与地方、工业息息相关，为本地区培养工程技术人员。它的成功促使牛津、剑桥等古典大学实行改革，如放宽宗教信仰限制，开设自然科学课程等，以跟上时代发展的步伐。法国的中世纪大学在资产阶级大革命中受到强烈冲击，于 1793 年被全部关闭。当时的国民公会和督政府采取发展大学校的方针。虽称为大学校，但实际上是一流大学。由于它重科技，重应用，招生选拔严，培养质量高，学生适应性强，因而深受社会欢迎，长盛不衰。拿破仑时期，法国只有唯一的一所大学——帝国大学。名曰大学，实际是教育行政机构，而真正的大学实体是各个学区的学院。普法战争失败后，法国人意识到教育的优劣关系着国家的盛衰安危，要求重振大学，发展科学，洗刷国耻的呼声甚高。于是国会在 1898 年通过法令，规定每一学区的学院可以组成一所大学。不久，法国的大学数又增至 17 所，出现了大学与大学校并存的局面。

日本在明治维新后为了培养新政府所需的高级人才，于 1877 年 4 月成立了日本第一所大学——东京大学。1886 年 3 月，日本政府颁布了《帝国大学令》，在东京大学的基础上又先后创建了 4 所帝国大学，从而构成了日本大学的主干。1918 年 12 月，日本政府制定了新的《大学令》和《高等学校令》，规定除国家办学外，只要符合条件，各都道府县和学校法人可分别创设公私立大学和高等专科学校。两个法令的颁布，使日本高等教育具有三个层次、两种类型，高教体系基本形成。

俄国的第一所高等学校——基辅莫吉廖夫学院建于 1632 年。1725 年，彼得堡建立了一所集中学、大学于一体的综合性大学——科学院大学。1755 年，在罗蒙诺索夫的倡议下，莫斯科大学成立，下设哲学、法律、医学三系。在漫长的历史过程中，这种综合性大学逐渐形成了自己的特殊地位。另外，培养实用性人才的高等工科学校也开始产生发展。稍后，新型的多科性工学院也已出现。十月革命后，为了尽快培养自己的专家，高等工科教育受到特别重视，这一传统延续至今。

3. 近代科学受到重视

欧洲资产阶级革命以后，生产力的发展带来了科学文化知识的勃兴。同时，发展资本主义，需要开发矿山、河流，修建铁路、工厂。于是，科学不再是神学的恭顺的婢女，它在大学的讲坛上开始占据一席之地。

美国独立前的 9 所学院的课程设置继承了欧洲博雅教育的传统，具有浓厚的宗教性和古典色彩。独立后，美国比较重视利用欧洲近代的科学技术成果，公私立大学均削弱了古典科目，侧重于现代科学知识，许多大学取消了神学讲座。

德国自"第一所具有现代意义的大学"哈勒大学始，便较为重视现代哲学和现代科学。强调观察和经验、实验和数学的重要性。实验室、医院、植物园第一次成为高等学校的组成部分。柏林大学等一批新大学建立后,遵循洪堡方向,将原来只属于预科性质的哲学科提高到和法学科、医学科同等的地位,同时减少神学科的教学。

英国的牛津、剑桥因循守旧,教学内容主要是古典文科与神学。后受培根、牛顿的科学成就影响,开始设立自然科学讲座,但进展不大。近代大学的兴起,迫使牛津、剑桥进行改革,于是纷纷增设近代学科,剑桥大学于1850年建立了卡文迪什实验室。

其他国家情况与之类似。1775年,俄国的莫斯科大学成立,下设三院,唯独不设神学院。法国资产阶级大革命后,神学科的地位和重要性大大降低,而当时以培养军事、科技人才为目标的巴黎理工学校却备受拿破仑的青睐。总之,由于科学技术的发展,高等教育逐步从经院哲学的束缚下解放了出来,神学失去了神圣的灵光而让位于近代科学。

(四)高教改革时期("二战"至今)

战后,各国高等教育体系得到进一步的完善,呈现出多层次、多类型、多形式的格局。此外,一个最显著的特点便是大发展、大调整。前半期是发展数量,后半期是提高质量。

各国高教大发展的起止时间并不完全一致,20世纪60—70年代一般为高速发展时期。在20年左右的时间内,各国高校在校生增加的倍数,由英国、前联邦德国等的3~4倍至美国、苏联的8~10倍不等。前联邦德国由于种种原因,高教的发展起步较迟。当其他国家的高教发展速度开始减缓或渐趋稳定时,它才呈现加速趋势。

由于大发展,发达国家的高等教育便纷纷由尖子型转向大众型。50年代初,高等学校的就学率除美国外,都未超过同龄人的5%。70年代中期,一般均超过了20%。美国、日本18岁青年的就学率则分别达到45.2%、38.4%。那么,促使高教大发展的因素是什么呢?战后,人类进入了以核子、电子为标志的科技革命时代,对劳动者素质的要求空前提高;加之各国致力于战后重建和发展经济,需要大量不同类型的高级人才,这些是高教发展的内在动力。战后初期,一些国家大批复员军人进入高校,造成高校入学人数急剧增长。这一高峰过后不久,战后初期出世的儿童又陆续进入高等教育年龄期,高等教育再次膨胀。由此可见,人口问题带来的入学压力是促使高教大发展的外在因素。此外,从60年代起,欧美国家的教育民主化浪潮汹涌澎湃,人民大众要求接受高等教育的呼声日益高涨。各国政府不得不面对现实,认真考虑教育机会均等问题。随着生活水平的提高,人们让子女接受高等教育的承受能力也在增长,这在一定程度上促进了高等教育的大发展。

大发展时期,各国一般采取下列措施:

1. 提高办学规模效益

发展高教,各国的一般做法是走内部拓展的道路,即通过增加教师工作量、提高师生比例、缩短培养时间等方式来扩大原有办学、招生规模，而不过多增设新校。苏联高校在战后有撤有增，1969年达800余所，但其总数仍未超过战前。美国战前的高校数为1800余所，学生150万人，70年代末，学生增至1300余万，但高校数仅3000多所，各自的发展速度悬殊。前联邦德国1975年的大学生数约84万人，高校数266所，1983年大学生增至130万，高校数相反下降至238所。日本、英国的情况特殊些：日本在1952年时的大学为220所，1971年时则增加到676所。英国在1961—1969年，高等教育机构增加了1倍以上，这与两国高教机构的原有基数、机构类型的多样化有关。

2. 发展专科、非正规高等教育

各国发展高教，并非让大家都去上同一类型的大学，而是"多而分"。这既能更好地满足社会、经济生活对各种层次、类型人才的需要，也能省钱和提高投资效益。大发展时期的特点是，专科和非正规高等教育的发展速度超过本科教育和正规高等教育的发展速度，但这一趋势自70年代末已开始减缓。

3. 扶持公、私立大学的发展

各国政府对涉台、公立、私立大学各有侧重，美国、德国侧重发展公立。美国通过联邦、州政府拨款方式大力发展公立高等教育。1931—1980年，公立学校学生占学生总数由51%上升到78.2%，而私立学校学生数则由49%下降到21.8%。法国对公立学校实行免费，对私立学校则一般采取扶持、监督的政策。1980年，法国的国立、公立高校生占总数的93.4%，私立的仅占6.6%。日本则采取鼓励私立大学发展的方针，并制订《私立学校振兴援助法》，采取措施，予以援助。目前，日本私立大学的所数、在校生数均占总数的75%左右。

经历了60年代和70年代的大发展后，各国高教的发展速度开始减缓，转向收缩或调整。调整的问题各国不一，但基本上是围绕着提高教育质量而展开的。出现这一转折，主要有下列原因：70年代爆发的世界性的经济危机，特别是1973年的"石油危机"给西方国家的经济发展造成巨大困难，教育的发展不得不放慢步伐。培养的人才已基本满足了当时社会、经济建设的需要，在苏联等国甚至出现了饱和状态。如果超越客观需要再任其发展下去，不仅会造成浪费，还会带来大学生失业等社会问题。高教大发展过程中，办学要求不严、评价标准偏低，造成教育质量下降，因而必然要采取措施予以补救。为提高质量，各国政府颁布了一系列法令、决议。一些民间团体、研究机构也纷纷提交了许多报告书。提高教育质量的措施因国而异。英国采取了放弃福利国家政策、削减教育经费、对学生实行贷款制，迫使高校面向市场参与竞争；废除高等教育双重制，将一批地方高校升格为大学，让各高校平等竞争；培训教师、改善教学，增加科研项目，并建立高等教育的质量保证体系。在苏联突出的做法是改革招生制度，强调师生都要搞科研，改变只抓教学的老传统，压缩专业数，拓宽知识面。美国强调打好基础，改变多年形成的"重术轻学"风气，加强高校科研，把培养学生的独立研究能力、创造能力放在突出地位；加强联邦干预，将本属于民间学术团体行为的高校鉴定制度法制化，写进1992年颁布的《高等教育法》修正案中。日本的做法是减少必修，增加选修，校际学分互换，允许学生转校、转系，为教师进修、研讨提供条件。前联邦德国强调回归"洪堡传统"，所有高校必须从事科研，注意因材施教，挖掘学术天才，提高教师、研究人员的任职学历标准等等。从总体来看，这些举措对提高教育质量起到了积极作用。

二、中国高等教育的发展历程

（一）古代的高等教育（商至清末）

中国古代高等教育远较同时代的西方高等教育先进，在历史上留有辉煌的一页。它大体上经历了萌芽（夏商周）、形成（春秋战国）、建制（两汉）、发展（唐宋）、衰落（元明清）等几个阶段。除商周时期的高等教育情形较为特殊外，一般具有以下共同特征：

1. 从办学主体方面来看，是官私并存

秦始皇统一中国后，焚书坑儒，推行文化专制主义，"设三老以掌教化"，致使官学、私学俱废，但在整个历史长河中，官私并存则是主流。据史考，西周时期便有了大学性质的私立学校。私立高教机构能够长期占有一席之地，是有其生存土壤的。

在长达5000多年的文明史上，中国有过汉唐盛世，天下一统，也有过天下分裂，群雄纷争。"乱世则官学不修"，于是私立大学兴盛起来，以填补真空。历史上的官衰私兴现象与国势衰微之间往往存在一种对应关系（如春秋战国、魏晋南北朝、唐末五代时期，官学衰落，私学昌盛。汉唐虽为盛世，但汉初官学不兴，因而私学发达；唐初官学极盛，私学便相对消沉），其理源出于此。

政治环境的宽松与否直接影响着私学的命运。动乱年代，政治出现多元化或统治阶级忙于征战，被动地放松了思想控制，从而不自觉地为私学的勃兴提供了条件。如春秋战国时期的百家争鸣、私学蜂起；魏晋南北朝时期的儒、佛、玄、道自由发展，各传其学等等。太平时期，统治阶级吸取乱世教训，采取怀柔安抚政策，主动地放松思想控制，这种自觉行为，亦为私学的兴盛提供了条件。如汉初，私人讲学之风再度盛行，出现了"小百家争鸣"时期；唐代，重振儒术，兼容各家的宽容文教政策加之科举考试的刺激，使得私学一度兴盛。秦王朝"崇法尚刑"，实行焚书坑儒、禁游宦等一系列高压文教政策，结果便是私学不兴。

学术之争也是私立大学存在的一个重要原因。两汉时期，今文经学假托微言大义，任意发挥，穿凿附会，鼓吹大一统的君权神授思想，迎合了汉代统治者的需要，因而在官立大学的讲台上占据了统治地位。古文经学注重考证，未能随波逐流，因而遭受冷落排斥。于是古文经学家便纷纷办起私学，宣传自己的学说。到宋代，儒者在研究义理的过程中，学术见解产生分歧，形成了各种流派，于是他们便创立书院聚众讲学，以宣传本派的学术思想。

2. 从受教育权方面来看，是机会不均

在我国的奴隶社会和封建社会，高等教育具有鲜明的等级性和阶级性，受教育机会几乎为统治阶级或地主阶级所垄断。从官立大学的情况来看，贵胄大学自然是为统治阶级子弟所设，东汉末年宦官集团创办的鸿都门学虽然是为了抵抗外戚势力，但学生来源也是豪强子弟。唐代的崇文馆、弘文馆只招收皇亲国戚的子弟。六学中的国子学、太学、四门学的招生对象也分别有严格的等级限制。一般大学的情况有所松动。汉代的太学生分正式生、特别生两种，后者中虽不乏贫寒之士，但也大多来自中小地主阶级家庭。到了宋代，虽然一部分庶民子弟特别是聪颖俊秀者也可入学，但一般只能进算学、画学、武学或短训班之类的机构。元代规定，平民中的聪颖者要进国子学须经三品以上官员保举后，才能充当陪堂生（旁听生）。从私立大学的情况来看，汉代私立大学的学生成分较复杂，有曾在太学游过学的，有曾担任过官职的，这些人属于上层阶级子弟无疑。其他学生也大都是在郡县级学校或私塾接受过基础教育，主要来自中小地主阶级家庭。书院诞生于宋初，属"非官非私、既官既私"性质。但一般书院的费用须由学生负担，这必然会大大限制平民子弟就学的机会。到元、清两朝，书院逐渐转为官办，受到政府的控制，书院特色丧失。在清代，书院学生不用交费，甚至还可领取津贴（膏火费），实为官费生。但学生入学须由官府推荐或批准，显然，这不是贫民子弟所能问津的。在古代，虽然平民子弟中也偶有成大器者，但基本上属于自学成才。

3. 从管理者的素质方面来看，是名师掌权

一般而言，古代大学都是由名师大儒负领导之责。他们学术精深，热心教育，身体力行。汉代的太学校长（称仆射或祭酒）是从太学教师中选拔出来的，而太学教师的任职要求很严，如学问精深、专通一经、行为符合封建规范等等。唐代以国子监统管六学，经学大师孔颖达曾任国子祭酒，他勤奋好学、学识渊博，深受学生推崇。大散文家、教育家韩愈任国子博士、祭酒时，热心教学工作，曾作《师说》《进学解》以启迪生员，整顿国学。宋元以来，书院的创办者多是一代名师，他们往往既是主讲，又是山长（主持人），品学兼优、深孚众望。我国汉唐时期的太学、宋明和清乾嘉时期的书院曾在教学、学术上取得较大成就，绝非偶然。这与名师大儒掌权不能不有密切的关系。

4. 从课程内容方面来看，是儒学为尊

春秋战国时期，学派蜂起，百家争鸣。秦皇登极，废黜百家，独尊法家。至汉武帝时，则"废黜百家，独尊儒术"。从此，儒家学说便取代百家成为官方的统治思想，

儒家经典成为各级学校的必读书籍。魏晋南北朝时，儒学的独尊地位受到冲击，后来的隋唐诸帝便重振儒术。元清两朝虽是少数民族统治，但由于政治需要和民族融合的缘故，儒家经典仍为官私立大学的基本教材。宋代以后，《四书》的地位几乎超过《五经》，但儒学的主旨未变。为避免儒学多门、章句繁杂的弊病，汉唐两朝的统治者还分别做了巨大的统一经学、审定教材的工作，并将经书刻在石碑上，史称"熹平石经"和"开成石经"。在社会的剧烈变动时期，儒学也曾受到挑战，甚至一度屈居下风，但仍受到统治者的重视，私立大学仍以儒学经典为主要内容。虽然自唐宋以来，大学里或多或少也设置了一些书学、算学、律学、武学、画学、医学等方面的课程，但仅沧海一粟，未能改变儒学的主流。

5. 从教学方法方面来看，是崇尚自学讨论

春秋战国时期，百家争鸣，学者之间便有相互争辩的风气，如齐国稷下学宫的"期会"制度。汉唐以来，官立大学一般都是采取上大课的形式，然后学生自学，背诵经文、讨论、辩论，从事课外研究活动。明代的国子监一般是上午讲课，下午由教师组织学生会讲、复讲、背诵、讨论。私立大学更为注重学生的自学、讨论，书院亦是如此。书院大都强调学生自学，独立钻研，在此基础上相互讨论，或提出疑难问题向教师请教。明代书院的"讲会"，承继"期会"而来，已属于学术交流性质的活动。古代之所以崇尚自学、讨论的方法：一是因为当时大学生多、教师少（汉代太学最盛时学生曾达3万多，而太学博士却只有十几人），只好在上大课的基础上自学、讨论；二是书院受束缚较少，师生可以自由地发表学术见解；三是当时名师大儒的治学思想一般强调学生的自动、自得，因而自学、讨论的方法便是最佳选择。

古代的高等教育给我们留下了一笔丰富的遗产。由于中国封建社会延续的时间长，改朝换代的动荡和战争频繁，生产力在阵痛中缓慢前进，高教的发展缺乏坚实的物质基础；同时，我国的封建社会又是皇权至上，无法治可言，高等教育的命运几乎全为统治者的好恶所左右。种种原因使得它时盛时衰，步履蹒跚，未能在汉唐基础上达到它应该达到的水平。

（二）近现代高等教育（清末至1949年）

鸦片战争加速了中国封建社会的解体，中国逐渐沦为半殖民地半封建社会。在长达100多年里，中国的高等教育从纵向看大体经历了四个阶段。这是我们把握近现代高等教育的基本思路。

1. 高等教育的四个阶段

（1）改良阶段（1840—1911年）。西方列强的炮火震撼着闭关锁国的大清王朝，为挽救摇摇欲坠的封建统治，清王朝内部以曾国藩、李鸿章、张之洞为代表的一部分人主张办洋务、兴西学。"百日维新"期间，光绪帝在教育方面也采取了一些改良措施。

1905年8月，清廷正式下诏废除科举。于是以1862年京师同文馆的问世、1903年"癸卯学制"的颁布为标志，中国的近代高等教育开始起步。

（2）改革阶段（1911—1913）。辛亥革命结束了两千多年的封建专制统治，"中华民国"成立后，资产阶级民主派便着手进行教育改革。1912年元月成立教育部，1912—1913年公布了"壬子癸丑"学制，与高等教育有关的内容为：学制分预科、本科、大学院三级；废除忠君尊孔宗旨，大学不开经学，学习西方近代科学课程；废止贵胄学校、奖励出身，禁用清朝教科书；实行学位制，设评议会，搞教授治校；允许办私立大学，但须经教育部核准。

但改革未能达到预期目的。主要原因在于当时政治局势动荡，封建势力顽固，致使改革措施短命。尽管如此，资产阶级引进的西方教育制度还是保留了下来，教学内容、方法开始出现变化，民主与科学的精神亦开始深入人心。

（3）波动阶段（1913—1927）。辛亥革命后的7年里，发生了袁世凯、张勋、段祺瑞三次复古运动，每次都重提尊孔读经。在当时的北京大学，学生穿的仍是长袍马褂，被以"老爷"相称。教师之中甚至有脑后拖着长辫，高谈"国粹"，公然持复辟论者。蔡元培任北大校长期间，采取种种措施抵制封建复古主义，为促进社会新思潮的发展做出了积极贡献。

（4）缓进阶段（1927—1949）。南京国民政府执政期间，教育部陆续颁布了《大学组织法》《专科学校组织法》《大学规程》《大学研究院组织规程》《师范学院规程》等一系列法令、法规。至此，高等教育制度经过若干次的制定、补充、修改后已臻于完善，对其宗旨、学制、管理制度、课程设置、招生考试、教师聘任、教学管理、学位授予等方面都有较细致、严密的规定。但很多是流于形式，未能切实贯彻。由于帝国主义入侵，内战不断，因而高等教育发展极为缓慢，基础十分薄弱。据1947年统计，当时仅有各类高校207所，在校学生155036人，与1928年的25178人比较，在长达20年里，仅增长5倍多。

（三）当代的高等教育（中华人民共和国成立至今）

1. 新中国成立初17年——摸索前进时期

新中国成立伊始，百废待兴，党和政府便对教育事业倾注了极大热情，采取种种措施发展高等教育：1950年6月，教育部主持召开了全国高等教育会议，通过了新中国成立后第一个《高等学校的暂行规程》；1952年，在原教育部的基础上，又另设高等教育部以加强管理；接管了旧大学和22所教会大学，收回了我国的教育主权，私立大学也相继改为公立；引导组织教师学习，开展思想改造运动；自1952年开始进行院系调整，前期为撤并，后期为内迁；开展教育革命，学校办工厂、实行半工半读、教学科研劳动相结合等；系统总结经验，制订《高教六十条》，整顿教学秩序，提高教育质量。

17年的成绩是显著的。高校共培养大专毕业生155万，相当于新中国成立前20年大专毕业生总数的8.4倍，研究生1.6万，业余、函大毕业生近20万。由于处在探索时期，对高等教育的规律认识不深，也犯了一些急于求成和矫枉过正的错误。如院系调整中，综合性大学削减过多，背离了世界高等教育发展潮流；文法商科地位削弱，对民主、法制建设影响甚大；强调同国民经济的业务部门对口，致使专业设置过细、过窄。在1957年的教育革命中，高校生产劳动、社会活动、政治运动过多，导致教育质量下降；搞所谓的"拔白旗、插红旗"，伤害了许多知识分子；受"大跃进"运动的影响，高教发展速度过快，脱离了现实条件，如此等等。

2. 改革、开放以来——发展、改革时期

1977年，恢复高校招生考试制度；1978年，召开了全国科学大会和全国教育工作会议；1979年，中央决定撤销《全国教育工作会议纪要》，推翻"两个估计"，平反冤假错案。召开三次重要会议：1979年1月，国家科委、教育部、农林部联合召开高校科研工作会议，初步总结了新中国成立以来高等教育的历史经验。1981年8月，教育部召开全国思想政治教育工作会议，着重解决高教界当时存在的一些思想认识问题。1983年5月，教育部召开全国高等教育工作会议，探讨如何开创我国高等教育工作新局面，进行教育体制改革。1985年5月27日，《中共中央关于教育体制改革的决定》正式颁布，其中关于高等教育的改革内容占有相当篇幅。1992年年底，在邓小平南方会谈精神的鼓舞下，原国家教委召开了全国普通高教工作会议，提出90年代我国高教发展、改革的目标："规模有较大发展，质量上一个台阶，结构更加合理，效益有明显提高。"遵循这一目标、方向，我国高等教育呈现出欣欣向荣的局面。

第三节　高等教育面临的现实问题

随着政治、经济、文化、科技的迅速发展，从世界范围来看，人类的高等教育事业都面临着一些新的挑战和选择。具体到我国的高等教育，随着社会转型和变革的加速，我国的高等教育从基本理论到宏观的发展战略以及内部管理体制等各方面也都遇到了一些现实的问题。比如，现代大学的发展理念问题、高等教育的大众化问题、高校合并问题、招生和就业制度改革的问题、课程改革问题、入世对我国高等教育的挑战、市场经济对高等教育的影响、高等教育的产业化问题、民办高等教育的出路问题等等。以上问题都是我们目前不得不去面对和解决的，在某种意义上，上述问题解决得如何，将直接关系我国高等教育的质量和生死、关系国家的繁荣和强盛。这里仅就现代大学的理念问题。高等教育的大众化问题、入世对我国高等教育的影响等几个问题做初步的介绍。

一、现代大学的理念问题

当前,随着大学改革的进一步深化,人们越来越多地从根本上反思大学的理念问题。大学的理念也可称为大学的理想或大学的观念,它回答大学是什么和应该是什么的问题,是大学办学中的灵魂性问题。它从根本上讨论大学的性质与远大目标追求,内核中还凝聚着人们对理想大学模式的系统构想。大学理念,具体包括大学理念、大学精神的概念及其内涵、大学理念的历史发展、建构现代大学理念和重塑人文精神等。

(一)大学理念的内涵

大学理念概念内涵的多样性和观照角度的不同,导致了对大学理念不同的阐释和理解。

一是哲学层面的理解。有学者主张,大学的理想或理念是一种激励人们不断奋进、抗争和创新精神的力量,是一种面向未来的精神延展和系统构想,是对大学形而上的价值判断。大学理念具有超越性、现实理性、开放性和导向性的特点,它以实践为逻辑起点对自身的发展进行系统审视与构想。大学理念是大学内部管理及运转的哲学基础,是人们对大学精神、性质、功能和使命的基本认识,它规定着大学与外部世界诸元素之间的关系。

二是多层面的认识。有人认为,大学理念是人们对大学的理性认识、理想追求及所持的教育观念和哲学观念。在大学理念的具体内涵上,多数论者认为应包含多个层次。大学理念既包括对大学的地位、大学的使命、大学的目的、大学的功能、大学的发展轨迹等宏观上的认识,也包括对大学教育内容、大学教学模式、大学组织结构、大学管理模式等具体的构想。它包括三个层面的问题即大学是什么、大学有什么作用、大学怎样发挥作用,不同的大学的办学理念是不同的。

从另一个侧面来说,大学的理念不是指大学的具体实践,却是大学实践的指针;不是指大学的管理制度,却是大学管理制度的思想基础;不是指大学的组织,却是大学组织运行的基本准则。大学的理念属于观念性、精神性的范畴,与操作性、行为性的实践活动既相联系又有区别。正如行驶在汪洋大海中的船只需要有航向一样,大学需要有坚定、明确而合乎规律的理念,唯其如此,大学才能进一步确定它的实践方针,找到它存在和行为的意义,不至于造成实践的盲目性和无序性,使大学陷入迷茫和混乱。

(二)大学理念的历史发展

从历史的发展来看,大学制度发轫于欧洲中世纪,而专门讨论大学理念的人则是19世纪英国学者纽曼。他在《大学的理念》一书中将大学定位为是一个提供博雅教育,培训绅士的地方。他以为大学的功用在于"传授"学问,而不在于"发展知识"。故纽曼把大学看作是一个"教学"的场所，一个培育人才的机构，一个保存文化传统的地方，他认为大学的目的是对一种特殊形态之人的"性格模铸"。纽曼的大学理念是对古典主义大学教育思想的发微，其问世之时，也正是古典大学制度没落之日，但其影响却很久远。

18世纪末叶以后，古典大学制度式微，大学改革势在必行。德国当时的社会发展水平远逊于英、法，但大学改革较之两国成功得多，直接原因是德国思想家的大学理念走在了社会政治、经济发展的前头。德国理性主义和新人文主义在大学教育领域汇流而激荡出的思想浪花使洪堡等人首先摆脱中世纪的学术传统，标举大学的新理念。其内容主要有两点：一是大学的独立性原则，大学师生具有学术和教学的自由；二是教学与学术相统一的原则，教师的首要任务是从事"创造性的学问"，而不是"传授"知识。洪堡等人的大学理念促使德国率先建立了现代大学体系，为德意志民族的复兴创造了条件。

洪堡的大学理念在美国教育家弗莱克斯纳20世纪30年代所描述的"现代大学理念"中获得了系统性的阐述。弗氏肯定了"研究"对大学的意义，但他也没有忽视大学的"教学"属性。他认为，成功的研究中心都不能代替大学，大学之目的不仅仅是发展知识，也在于教育人才。不过，弗氏对大学社会服务职能缺少关注和敏感度。他说："必须经常给予社会一些东西，这些东西不是社会想要的（want），而是社会需要的（need）。"弗莱克斯纳的"现代大学"理念，首次将高层次的教学与研究结合在一起，对美国研究型大学的发展产生过很大的影响。

第二次世界大战以后，美国大学变成了社会上一个有支配力量的制度，19世纪末20世纪初就已形成的"威斯康星思想"进一步得到发扬光大。前加州大学校长克尔所著《大学的功用》一书集中表述了这种更加开放、更加社会化的大学理念。克尔用复数的"功用"（uses）来讲大学，一方面他要说明大学功用的多样化特征，另一方面提醒人们避免大学的"误用"（misuses）。克尔认为大学必须严肃地审视新的社会现实，今日大学之功能已不只在"教学"与"研究"，已扩及"服务"。在他看来，今日大学已成为多功能、多面向的多元性组织体。克尔无法用University言尽大学之意，于是自创新词Multiversity（国内一般译为多元巨型大学）。克尔形象地比喻说，纽曼的古典大学像一个居住僧侣的村落，弗莱克斯纳的现代大学像一座由知识分子垄断的城镇，当代的多元巨型大学则像一座充满无穷变化的城市。联合国教科文组织为筹备世界高等教育大会，于1995年出版了《促进高等教育的变革与发展的政策性文件》，其中提出建立"前瞻性大学"（Proactive University）的问题。前瞻性大学的理念要求大学不仅不能做与世隔绝的象牙塔，也不能单纯培养人才、发展知识为社会所用，而应成为地区、国家乃至全球问题的自觉参与者和积极组织者。1998年10月巴黎世界高等教育大会通过的《21世纪的高等教育：展望和行动宣言》中进一步提出，大学要重视对学生批判性思维和创造力的培养，树立以学生为中心的观点，培养学生的创业技能，使毕业生不再仅仅是求职者，而首先成为工作岗位的创造者等等。

（三）如何建构现代大学理念

一种观点认为，建构现代大学理念，首先，既应恪守象牙塔精神，又要有务实的入世求存策略。失去象牙塔精神，大学就成为抽离了精神的躯壳；没有务实的入世求存策略，大学也会丧失自身。大学不能没有象牙塔精神的恪守者，也不能缺乏经世致用之术的专攻者。其次，新的时代精神核心还需恢复到已为科学主义所疏离的人自身上来，恢复日益失落的人文精神对人的存在状态和人生意义的深切关怀，实现科学与人文精神的有机结合。再次，塑造大学之真精神，只能从制度安排着手。对外，将学术自由精神具体体现在制度层面，适当强化独立意识；对内，建立一种行政与学术权威两相牵制的体制，少一些对个体过多的无关学术的限制约束和功利化的侵扰，多一些对思想的宽容和对学者独立人格的尊重，建立以质为本而非以数量取胜、以长期的而非频繁的短期性的考核与评价体系。唯有如此，大学才能为真正意义的学术创新、多学科领域的全面渗透和学术新人的成长，预留下弥足的时间和精神空间。

另一种观点认为，建构现代大学理念，一是应消解大学理念普适主义追求的倾向。大学制度的发展和现代性所面临的困境，证明了大学理念的普适主义追求走到了尽头。追求大学理念的普适化，必然导致大学角色的混乱。二是应超越"内在逻辑"力量与社会需求对立的思维模式。所谓内在逻辑力量或曰大学传统力量，其实也是特定时代的产物。离开大学的社会需求解读大学的理念，不符合历史的真实，也有违时代的潮流。总之，大学理念的形成既是对大学制度反思之结果，也得益于时代精神的浸润。

与大学理念相关的问题还有现代大学理念是普适性的吗；西方国家的大学理念能否作为我国的直接选择；不同类型、层次的大学，其理念应有什么不同；在今天，后现代、市场经济、社会转型的语境中，大学理念受到了哪些冲击与挑战；应该怎样选择和重塑适合我们自己的现代大学理念等等。

二、高等教育的大众化问题

高等教育大众化是我们目前面临的一个重大的课题。西方发达国家在20世纪中期以后相继步入大众化时期，有的已经发展到普及化的阶段，而我国高等教育的大众化才刚刚开始，那么，与之相关的问题主要有什么是高等教育的大众化，中国高等教育大众化的特征及与西方的区别何在，大众化与高等教育的质量的关系是什么，如何处理大众化和精英教育之间的关系等等。

（一）高等教育大众化理论

有的人认为，高等教育大众化是一个量与质矛盾统一的概念。大众化的进程包含量的增长与质的变化两个方面。量的增长是人们所熟知的适龄青年接受高等教育的入学率（准确说是在校率），一般高等教育入学率要达到15%~50%。质的变化包括教育观念的改变、教育功能的扩大、培养目标和教育模式的多样化、课程设置、教学方式与方法、入学条件、管理方式以及高等教育与社会的关系等一系列变化。由于15%的高等教育入学率是高等教育进入大众化阶段的主要标志，因此达到15%的高等教育入学率与实现高等教育大众化通常被理解为具有同一含义。高等教育大众化不仅仅表现为高等教育规模的迅速发展和扩张，还意味着高等教育结构的变化以及办学模式与理念的转变。

有论者指出，我们不能夸大大众化理论在指导实践方面的作用。大众化理论尽管为我们提供了一种分析问题的方式，也为我们概括出了高等教育发展中的规律性问题，但在具体选择高等教育大众化发展道路时，不同国家和地区必须结合本地实际，自主寻找道路。

（二）中国与西方国家高等教育大众化的区别

与发达国家不同，中国高等教育大众化具有两个明显特点：一是政府以实现大众化作为明确的发展目标，并采取必要的政策措施，促使这一目标按期或提前实现；政府的政策目标导向使实现大众化成为一个积极、主动的过程，调动民间财力投入是实现大众化的主要方式，地区差异导致了大众化过程发展的不平衡性。二是我国高等教育从精英向大众的转变不同于马丁·特罗归纳的"量变带动质变"，而具有"质变促进量变"的显著特征。

西方国家高等教育大众化的各个发展阶段，其量的发展与质的变化具有高度的统一性。而中国的高等教育发展进程，在距离大众化数量增长最低限度还很远的时候，就已出现了若干特罗所列举的大众化阶段质的特征，甚至出现了某些普及化阶段的特征。在中国，当量的增长尚未达到大众化阶段之前，存在着一个质的超前变化的"过渡阶段"。

有论者指出，我国与西方国家高等教育大众化的主要区别表现为：第一，西方国家的大众化基本上是一个自然过程，其大众化发展的理论基础是教育民主化思潮、教育机会均等思想以及教育公平理论，而我国的大众化总体上表现出一种国家的发展战略和政府的行为。第二，西方大众化的完成是在"高等教育是一种公益事业"的理念下进行的，而我国高等教育属于非义务教育范畴，国家不可能也没有条件提供全部的教育投入。第三，西方国家的大众化之所以能顺利实施，在于其完善的高等教育体制和结构，而我国今天的高等教育体制和结构折射的是精英教育和计划经济的烙印，层次结构、区域结构和科类结构都不尽合理。第四，西方国家的大众化得益于多样化的办学体制，其中私立高等教育起了巨大作用，而我国的私立高等教育还不够强大，私立高等教育能否承担起大众化的责任，还有待进一步验证。第五，西方国家大众化的完成，基本是在自由市场机制下进行的，而我国目前还处在由计划经济向市场经济过渡的社会转型时期，市场经济体制的不完善导致教育资源配置中计划经济的色彩仍十分明显。

（三）中国高等教育大众化进程中的几个问题

1. 大众化与多样化

有论者指出，高等教育大众化的必由之路是多样化。这一观点的形成基于以下分析：一是社会需求多样化，对各类人才的规格、层次和要求多种多样，因此需要高等教育培养多样化的人才。二是人的个性、智力、需求、追求的目标以及愿意付出的代价不尽相同，只有多样化的高等教育才能满足更多人的不同的学习需求。三是国家的财力有限，只有多样化的高等教育、多渠道筹资，才能实现大众化这一目标。

高等教育多样化具体表现为：一是办学主体多样化。以国家办学为主，积极发展民办教育、私人办教育、企业办教育、公民合作办学、公立高校转制、中外合作办学等。二是办学形式多样化。有全日制、非全日制，有普通高校、高职院校、成人高校、大专自学考试等。三是教育目标多样化。培养的目标有理论型人才、应用型人才、技能型人才、管理型人才等。四是教学内容多样化以及培养方式多样化等。也有论者认为，高等教育多样化还表现在办学层次的多样化、高等教育结构的多样化以及专业设置的多样化等方面。

2. 大众化与"麦当劳化"

有论者认为，随着高等教育大众化进程的加快以及走向的深入，我国的高等教育正被越来越深地烙上现代工业文化的烙印，高等教育大众化正日益走向"麦当劳化"。这一现象具体体现在以下三个方面：一是规模化。追求数量成为高等教育领域中的一种时髦，但在过分关注数量的同时却忽视了质量。二是标准化。这一做法湮没了高等教育的多样性，扼杀了学生的个性。三是程序化。它导致教师和学生的接触日益减少，教师在精神熏陶和人格感染上的作用越来越弱。总之，高等教育的"麦当劳化"正在使我国的高等教育随着大众化的进程进入一种"同质产品的、采取标准化工作程式的大规模生产"状态，给高等教育的健康发展带来了极大的负面效应。

3. 大众教育与精英教育

有论者认为，中国在迈入大众化的门槛之际，精英教育的问题更应引起关注。与世界一流大学相比，中国精英教育的程度远远不够。同时，中国走向高等教育大众化的道路不应寄希望于重点大学的大量扩招，而应不拘一格地创建社区学院和其他高等教育形式。

关于大众化背景下精英教育与大众教育关系的处理，有论者认为：第一，要确立多样化的高等教育质量观,不能用单一的标准去评价各种类型的高等学校;第二,要科学控制重点大学的办学规模和办学方向;第三,要按精英教育的规律办精英教育,为高深学问的研究和相应的精英教育创造宽松的环境条件;第四,防止科学化管理对学术研究和精英教育产生消极影响,要淡化外部控制,强化自我激励和自我控制,营造良好的学术氛围和教育环境。

三、入世对我国高等教育的影响

(一)WTO给高等教育带来的机遇

我国加入WTO以后,不仅对经济产生了巨大的震动,而且对教育将产生广泛和重大的影响。教育作为特殊的服务行业,已承诺将在部分领域放开,这对我国高等教育的发展、改革和提高,提供了良好的机遇。

1. 促进教育观念发生深刻变化

加入WTO,不仅会影响中国教育的外部形态和运作机制,更重要的是,空前深刻地改变了教育的既定观念,有力地突破了教育的思维定式,这是教育思想的一场革命。加入WTO后,国际先进的办学理念、对教育地位的战略性认识将促使我们进一步更新高等教育的发展观和人才观。

2. 促进人才培养模式转变

入世后,我国教育市场必将在一定程度上开放,中外合作办学将进入新阶段。合作范围、方式和内容趋于多样化、多元化,将出现学分互认、学历和专业资格互认、股份办学、合资办学等新型合作形式,引发人才培养模式的改革,国际合作办学将进一步得到发展。

3. 推动高等教育体制改革

加入WTO后,根据"制度法规透明化"原则,我国高等教育必然按照WTO的运行规则,在不违反国际法律法规的前提下,对我国高等教育的投资、办学体制等方面进行调整,以适应WTO的要求。加入WTO后,体制创新应该是对原有投资体制进一步健全和完善,真正建立起以政府投资为主、个人与社会广泛参与、积极吸引外国机构投资为辅的多样化投资体制。加入WTO后,国外机构来华办学,对中国高等教育办学体制来说无疑又会赋予新的内涵,注入新的活力,同时也意味着中国高等教育办学体制必将创新。

4. 拓宽高等教育投资渠道

加入世贸组织有利于引进国外优质的教育资源和资金,拓宽教育投资渠道,这将增加我国高等教育的供给总量和选择性、多样化,同时也进一步激发人民群众对教育的需求,产生良性互动。

5. 促进高校对外开放

加入世贸组织有利于促进我国高校更大的对外开放，引进和借鉴国外先进的办学经验，调整专业与学科结构和人才培养模式，改革教育内容与方法，缩小同发达国家的差距。

（二）高等教育面临 WTO 的挑战

有论者认为，在看到加入 WTO 好的一面的同时，我们也应该充分估计由此伴随的冲击。加入 WTO 后，我国高等教育可能会在以下几个方面受到严峻挑战。

1. 高校德育工作面临的挑战

入世后经济多元化、意识形态多元化、文化多元化和科技多元化都对高校德育工作产生了重要的影响。随着西方教育的进入和我国文化服务性行业的逐步开放，我国各级各类学校的思想政治教育都面临着严峻考验。WTO 要求各成员国逐步开放本国的文化娱乐产业，这意味着中国加入 WTO 后，西方文化产品会大量涌入，学生广泛接触世界多元文化有了可能，其结果是学生的价值观念会必然受西方意识形态和生活方式的严重影响，有可能造成思想观念的剧烈冲突或出现价值真空现象。

2. 教育市场的国际竞争加剧

加入 WTO 后，中国教育的巨大市场将会在更大的程度上吸引跨国公司和外国教育机构，抢占对其有利的教育市场。教育市场的竞争，集中在优秀和有经济价值的生源的竞争上。外国大学以往主要吸引中国人才、生源到国外学习，入世后，它们还会以独资、合资等多种形式直接进入中国办学，直接参与中国教育市场的竞争，特别是高等教育、职业教育方面的竞争尤为激烈。

3. 生源与人才市场竞争加剧

我国加入 WTO 以后，人才的跨国教育与服务随之放开。发达国家将可能以更优越的条件，大量吸引我国优秀人才到其国家服务或到本地外资机构服务，人才流失现象有可能加剧。外国教育机构"抢滩"我国教育市场，早已既成事实。随着"入世"后市场准入的进一步放宽，跨境交往没有了限制，生源流向趋于多元，国外大学可能凭借其雄厚的实力和品牌效应，吸引我国学生到所在国留学。

4. 影响大学生就业

加入 WTO，我国既可以与其他成员国家一样享有"最惠国待遇""普惠制""利用争端解决机制""在世界经济体系中参政议政"等各种权利，同时又必须承担起减免关税、实行"国民待遇"、增加透明度、拆除贸易壁垒等各项义务。在这一过程中，我们面临的一个核心问题是就业。据有关专家估计，中国加入 WTO 后每年将增加 450 万个就业机会，而且不同的行业对人才的需求也会产生不同的变化，涉外职业需求全面复苏。中国加入 WTO 后，市场对外语类、金融财会类、商贸类、旅游类、法律类以及经济管理类等专业毕业生的需求形势会逐渐走俏，对近年来一直不景气的国际经济贸易类和涉外专业毕业生的需求量可能大幅度上升，英语、计算机成为就业门槛。

（三）高等教育适应 WTO 的对策

加入 WTO，一方面为我国高等教育提供了进一步发展及提高的机会，另一方面也应看到困难同时存在。我们只有抓住机遇，迎接挑战，积极主动地制定有效的对策与措施，从而推动我国高等教育事业的发展。

1. 调整培养目标，更新教育观念

高等学校应培养在世界市场上具有竞争力的人才，培养的人才素质应与国际接轨。要着力培养学生的创新能力、创业精神和竞争能力，以及国际理解、国际竞争与国际合作的意识，使培养的学生成为知识面宽、适应性强、未来能适应国际交往与国际竞争需求的高素质人才。经济全球化要求高等学校培养具有国际意识的人才。高等学校要在进一步加强爱国主义教育的同时，注重培养学生的国际理解、国际竞争与国际合作意识。在继承中国优秀传统文化的同时，注重多元文化的吸收，使我国的学生具有宽阔的眼界，在未来能善于同国际合作，积极主动地参与国际竞争。

因此，应树立赶超意识，明确追赶目标，尽快缩短我国教育的差距，同时应更新我国高等教育的价值观念、投资观念和回报观念等。

2. 深化高等教育体制改革，合理配置教育资源

有论者认为加入世贸组织后，政府要以转变职能为中心，进一步改善高校管理体制；理顺政府与学校的关系，落实高校的办学自主权；建立和完善新的行政管理体制，形成政府、学校、企业和社会之间的良性互动。高校要以"入世"为契机，加快现代大学制度建设，构建好有效的权力机制和约束机制，实现学校管理的法制化、民主化，提高自主办学的能力。高等教育结构性调整的重点，是进一步提高高等教育对"入世"后我国科技与经济发展实际需要的适应性。为此，要根据经济全球化的这一实际需要，加快相关专业的调整，加紧新一轮紧缺人才的培养。

3. 加快高等教育的法制建设，推行国际合作办学

遵循 WTO 规则，调整与完善我国高等教育法律法规，规范高校办学行为，开放我国的教育市场，依法规范中外合作办学，维护我国的教育主权。国际合作办学，引入资金和先进的教育机制，了解、吸取并实践国际上通行的办学模式、专业课程设置、师资培训、质量保证等方面的经验，是尽快提高我国高等教育水平和质量、增强国际竞争力的一个有效途径。另外，我国的高校应努力开拓国际教育市场，在海外设立教育机构。

4. 加强师资队伍建设，努力提高教学水平

要适应国际人才市场的竞争，教师本身的素质也面临着严峻的挑战，必须更加注

重更新教师的教育思想,提高教师的教学水平,使之适应新的教学要求。入世后,一名合格的教师至少应该具备以下四种基本素质:创新素质;健康人格素质;开放型和研究型素质;竞争意识和合作精神素质。

第二章　高等教育学的基本理论

第一节　中国高等教育学基本理论述评

一、学科基本理论解读——"范式"论的启迪

学科不仅是高等教育领域的专有现象，它更应被理解为一种独特的社会历史现象，其涉及的因素包括职业分工状况、知识探索水平、教育规模与学术组织建制等。因此，对学科基本理论的解读也须从诸多方面着手。然而，我国学界在寻找一门学科独立存在的理由和依据时，考虑的因素无外乎两个：学科的调整对象（领域）和研究方法。事实上，以调整对象和研究方法界定一门学科亦无不可，但单从这两方面考虑似乎过分倚重该学科的逻辑层面，过分关注该学科的理论体系、概念范畴等内在的理论内涵，而忽略了该学科在特定的社会历史背景下形成的特有的问题意识、学术传统和学理规范。

肇始于19世纪末20世纪初的分析哲学思潮虽然在当代西方思想界已归于平寂，但其对于人类科学认识的发生、发展规律的研究和探索为我们提供了一条阐释知识增长和学科分类的有益途径。尤其是在20世纪中期流行于西方科学哲学舞台的、以美国科学史家托马斯·库恩为代表的历史主义学派，其"范式"理论给我们丰富的启迪，以资我们借鉴。

"范式"理论是库恩历史主义科学哲学的核心，库恩认为，"范式"这个概念与"科学家集团"或"科学共同体"这个概念是密切关联的，它是"科学家集团"或"科学共同体"的成员所共同具有的东西。他说："一个范式就是一个科学共同体的成员所共有的东西，而反过来，一个科学共同体由共有一个范式的人组成。"因此，虽然关于"范式"的定义有"循环"之嫌，但库恩认为并非所有的循环都是逻辑上错误的，而关键是界定出"科学共同体"，然后分析一个特定科学共同体成员的行为就能发现"范式"。而"科学共同体"是由一群经历了相同的教育、技术训练及共同的经典文献阅读的从事者组成的，"在一种绝大多数其他领域无法比拟的程度上，他们都经受过近似的教育

和专业训练；在这个过程中，他们都钻研过同样的技术文献，并从中获取许多同样的教益"。因此，"范式"在库恩那里被理解为科学家集团所共有的理论背景及框架、共有的传统和信念。总而言之，"范式"是某一科学家集团在某一专业或学科上所具有的共同的知识基础、信念，这些共同的知识基础和信念规定了他们在基本理论走向、基本观点及基本方法上具有可通约性，为他们提供了共同的理论模型和解决问题的框架，从而形成该学科的一种共同的传统，并为该学科的发展规定了共同的方向和历史路径。

库恩认为："取得了一个范式，取得了范式所容许的那类更深奥的研究，是任何一个科学领域在发展中达到成熟的标志。"任何一门学科只有具有"范式"才配称科学，才能成为独立存在的学科门类。任何一门学科在没有形成"范式"以前，只处在前科学时期，在该时期，科学的工作者们各持自己的观点和方法，对各种问题无不互相争论、莫衷一是；只有有了共同的"范式"，科学家集团才可以通力合作，在共同的背景和传统下共同发展并做出贡献。

库恩认为，科学知识的发展即是旧的"范式"被新的"范式"取代的过程。当旧"范式"再也不能对"科学现象"做有效解释时，科学发展就进入了"危机"阶段，将由更具竞争力、解释力的新"范式"取代旧"范式"。因此，"范式"论是一种历史主义的科学观，"范式"本身就是一种历史假设，因而它包含了不同时代的不同问题意识、不同的知识信念与方法论传统。所以一门学科的历史发展不应也无法单纯地从其本身逻辑内容中寻找，而应该从社会历史中寻找。只有将"范式"放在宏观历史叙事中，才会找出学科发展的真正脉络；要充分倾听历史的呼声，用历史的方法才能揭示科学发展的进程，这也是库恩的科学哲学被冠以历史主义之称的主要原因。

库恩的"范式"理论虽然受到了许多后来者的批判，但为我们理解一门学科如何获得基本理论、如何获得健康独立发展提供了有益的启迪：第一，一个学科能够独立存在和发展是由多方面的因素决定的，调整对象和研究方法不是仅有的因素，该学科在逻辑层面的基本理论、基本原理及基本问题意识将决定该学科重要的研究方向。因此，一个成熟的学科应该有自己的基本问题群、基本的理论逻辑框架，这是该学科存在及与其他学科相区别的重要标志。第二，不能仅从学科内部的逻辑结构，而应当同时从该学科的学术传统、共同的理论背景与信念及从业人员有无组成自觉共同体等方面找寻依据，这种界定方式将会使我们对该学科的理解更立体、更具历史感、更有社会学意味。第三，一门独立而成熟的学科的发展应具备规范化的特质，即该学科的从业人员应有共同的学术传统，这些传统将构成该学科进行自我组织、自我评估和自我证明的重要标志，也是获得学术认同的重要方面。库恩在有的地方将这些传统零星地概括为共同的经典文献、共同的问题意识、共同的专业"门槛"、共同的研究工具及共同的学术平台与标准等。第四，应将学科的发展放在生动的历史境遇中考量，充分顾及学科本身与历史现实的互动关系，从而使学科发展具有源源不断的动力和自己的传统，使学科内容具有生命力。

因此，我们认为，所谓的学科基本理论本质上所要表达的是该学科"是其所是"的东西，即该学科之所以是该学科的本质规定性，是它能够成为独立学科的最根本的合法性依据，是它区别于其他学科的根本标志。用哲学的话语来说就是要对该学科进行本体论的追问。

学科基本理论问题关注的主要是在该学科的历史发展中体现出来的具有规律性的内容，表达能够真正揭示出该领域本质矛盾的东西，即能够奠定该学科对研究领域的基本提问方式与回答方向；学科基本理论问题主要回应的是时代性的具有全局性的需求；学科基本理论一般贯穿在该学科的各个层面，能够统领该学科各阶次的问题；学科基本理论还对本学科的基本研究方法具有强烈的自觉性；由此，学科基本理论能够体现出该学科特有的知识信念、学术传统、学术的价值取向及其学术规范，等等。另外，学科基本理论一般由学科基本问题、理论的逻辑起点、基本范畴、基本规律（有时称为基本原理）等形式要件组成。总之，一个学科的基本理论是指被该学科内的从业人员自觉意识到了的能够构成该学科对其研究领域进行基本问答的具有一定稳定性的问题和命题。当然，根据库恩"范式"发展理论，"范式"并不是一成不变的，而是一门学科对某一研究领域进行相对稳定的研究"假设"，这种假设性的前提由一系列命题、概念等按照逻辑上的自洽性组合而成。同样，学科的基本理论也不是始终稳定的，当社会环境、知识探索等因素发生巨大转换时，这些基本理论会发生"革命性"的变化，通过学科基本理论的变化来表达该学科的知识增长与进化。当然，正如有学者所明确指出的那样，库恩的"范式"理论主要针对的是自然科学的发展规律，它是否适用于人文社会科学理应引起我们的重视和思考。为此，我们在运用库恩范式理论解读高等教育学科基本理论时，将保持足够的自觉。

二、中国高等教育学学科现状透视

随着高等教育在当代中国日益成为牵动社会关注的"显性"社会领域，对该领域进行系统理论思考和学科建构也日益成为学界的当务之急。当然，自20世纪80年代以来，高等教育学领域的从业人员在回应中国高等教育实践的过程中已经做出了相当多的理论努力，无论是理论研究成果的数量、质量，还是研究队伍的规模及学科建制都获得了飞跃的发展。但是，正如当代中国高等教育的发展一样，高等教育学研究的不成熟也是显而易见的。与文史哲这些有学术传统的领域，甚至与经济学、法学等一些已经或正在形成学术传统和规范的社会科学相比，高等教育学缺乏相应的学术氛围和规范，在学科基本问题上尚欠缺完整有效的理论创造和规范的理论表达，这与高等教育在社会生活中已经成为"显性"社会事实是不相称的。

自 20 世纪 80 年代以来，我国高等教育学研究取得了相当大的理论成就，学科建设也从无到有具有了相当大的规模，为高等教育实践提供了智力支持、理论解释和指导。但是正如库恩所言，形成自己特有的"范式"是一个学科成熟的必要条件和标志，我国的高等教育学研究离此要求依然还有不少的距离，具体表现在：

第一，高等教育学的研究还没有形成自身独特的基本理论框架，即没有自己理论分析的逻辑"元点"，这里面最重要的一点就是没有创造总结出与其他学科进行有效区分的学科基本问题，包括基本问题意识及其提问方式、基本概念和自治的理论体系。换句话说，高等教育学在基础理论领域的研究是不足的，虽然近几年有的学者撰写的高等教育学的教材中已经开始自觉地体现本学科在基本理论上的体系性、逻辑自足性，但鉴于高等教育学作为独立学科的存在及发展时间尚短暂，在该学科的基本理论问题上依然表现出如下不足：

（1）依然没有完全摆脱经验体系的窠臼，以相对分离的经验形态和高等教育领域的工作形式作为高等教育学的基本理论表达。在众多的高等教育学教科书中，往往将高等教育的实践职能分为教学、科研及社会服务，然后按部就班地叙述这几项高等教育职能的目标、特征及一般工作流程等，没有对这些工作流程的理论基础进行有效的思考，因而对这些流程的论述流于经验总结或成为类似于工作指南性质的东西，欠缺深刻的理论和逻辑自治。

（2）没有完全从普通教育学的逻辑框架中摆脱出来，有的甚至直接将普通教育学的逻辑框架套用在高等教育学上。应该说，普通教育学的理论逻辑在整个教育学领域具有一定的普遍意义，是对各种类型教育实践的理论总结和概括。但是直接将普通教育学的理论逻辑移植到高等教育学领域，以普通教育学的基本问题意识代替高等教育学的学科基本问题意识，一方面将使高等教育学的学科独立性受到伤害，另一方面也将误读高等教育的本质和规律。正由于照搬普通教育学的学科基本问题逻辑，我们对高等教育的本质特征及其规律的认知是表面化的、形式化的。

（3）正因为没有科学有效的高等教育学学科基本问题意识，在面对波澜壮阔的高等教育实践领域时，我们很难进入真正的学科式问答中去，正如有的学者在解读中国社会科学整体特征时所深刻揭示的，是一种"前反思性接受"。因此，中国高等教育学在进行科学研究中的问答方式总体而言是零碎的、经验性的，开出的方子也是"头疼医头，脚疼医脚"，甚至很多高等教育学的学术问题并不是由学科内的从业人员提出来的，如前几年关于教育产业化问题、扩招问题、高等教育大众化及高等教育的人事改革问题等进行的争鸣，其起因都来源于高等教育实践，更重要的是，争鸣的范围、过程、层次及最后的结果都基本掌控在非学术界。另外，在本学科的课题研究项目中，占比例最多的是那些所谓"实践性"的、"可操作性"的课题，是为有关部门进行立法、决策等进行事前事后评估论证的，而进行学科基础理论研究的课题少之又少。这些都是高等教育学处于"前学科阶段"的典型表现。因此，中国高等教育学没有也不可能深切体认高等教育实践领域的崭新发展，全面把握高等教育在中国的本土特征，从而在理论上恰切地概括和统摄中国高等教育的实践。

第二，高等教育学的研究没有形成自己独特的方法，这其实也是我国各社会科学学科发展进程中普遍存在的问题，只是有的学科包括高等教育学比较突出罢了。在中国社会科学界，运用历史唯物主义的根本方法论早就成为共识，在高等教育学领域，这也不例外。但是，我们往往非常粗糙、机械而教条地将历史唯物主义的方法论原则套用到教育及高等教育学的研究中，以致大多数高等教育学的理论成果中能够真正体现历史唯物主义意蕴的少之又少，要么大而化之地谈论历史唯物主义的抽象原则及其在教育学研究中的重要性，要么完全放弃对本专业研究方法论的自觉性，使高等教育学的研究基本依附于经验。另外，由于缺乏自身独特的方法论构建，高等教育学研究在获取研究对象中缺乏应有的学科筛选，往往简单地将现实的高等教育生活事实直接当作高等教育学的研究对象，缺乏应有的学科反思，因而很容易形成学科建构对实践的亦步亦趋，丧失理论学术应有的自主性。

第三，没有形成成熟的学科交流平台和自觉的学术共同体，因而在学科体制上依然呈现出相对的边缘性和分散化特征，制约了高等教育学科向更加纵深的方向发展。这主要表现在如下几个方面：首先，高等教育学研究的从业人员依然没有按照严格的学术传统和平台形成学术共同体，很多学科点的从业人员多是高等教育领域的行政管理人员，另有一些属于"玩票"性质，他们从事高等教育学的研究是少有学科自觉性的，有浓厚的经验实用和分散色彩，相互之间也缺乏关联，因而在高等教育学研究中很难形成学术积累，也很难进行有针对性的学术争鸣。其次，高等教育学的现有学科点的布局过于分散，以硕士学位授予点为例，现在全国已经拥有硕士学位授予点五十多个，而且有很多高校正在准备申请。这些授予点分布在从专科性院校到综合性院校的各级各层次机构中。再次，高等教育学学术性组织不健全，甚至没有真正的学术行业组织，虽然上至全国性下至校级的高等教育学的学术组织早就建立起来了，但这些学术组织就如同其他学术组织一样，都具有先天的不足：以行政区划为界限，具有很强的地域性、山头性；这些组织与各级教育行政组织在经费、人员、活动方式等方面有很大的同构性、同源性，因而严重缺乏学术组织应有的学术自治品格。不少高校建立的高等教育研究所正在成为高校管理领域的执行、咨询机构，其组成人员的专业性色彩严重不足，很难真正承担起高等教育的研究任务。最后，高等教育学研究没有形成自己真正的公共论坛、学术交流载体和权威杂志。虽然在该领域公开发行学术杂志数量很多，很多高校有自己的高等教育学版的学术杂志，每年也发表了大量的学术论文。另外，按照中国学术领域的"行规"，高等教育学研究也有自己的"核心期刊"，数量也不在少数，不时也有一些高质量的学术论文发表，但从总体来看，真正能够坚持严格的学术规范和要求的高等教育学刊物几乎是凤毛麟角。高等教育学刊物与论文数量的膨胀与质的平庸甚至低劣浪费了大量的研究经费和资源，也严重阻碍了高等教育学学术规范的健康确立，败坏了学术风气。由于缺乏高度自治自觉的高等教育学学术组织，高等教育学研究领域不能由从业者自己制定并维护严格有效的学术评定标准，而主要由教育科研的行政管理部门进行规制，因而在学术组织层面，高等教育学研究依然没有摆脱他律状态。

三、我国高等教育学基本理论的表述及其评析

对我国高等教育学学科现状进行的分析表明，该学科在基础理论、基本的学科方法论及学术自治能力等方面离成熟的独立学科尚有一段距离。这与高等教育学作为一门独立学科在我国进行研究的时间不长有很大关系，系统而不中断的研究从1983年高等教育学科被国务院学位办正式确认到现在才二十余年。尽管时间尚短，但高等教育学的研究人员在研究中已经或者正在使该学科按照成熟的学科的规格发展，主要表现为在二十余年的学科理论体系建设中，逐渐实现从经验体系向理论体系，从个别的理论概括向整体的理论规模，从无序的理论命题的拼凑向自觉的学科理论的逻辑演绎转型。

在80年代始至21世纪初期的高等教育学教科书和其他著作中，出现了不少高等教育学的基本问题表述，对高等教育进行了一定的理论概括，构成了中国高等教育学的学科基本理论和基本形态。其中，比较典型的有：

由潘懋元教授于1984年主编出版的《高等教育学》表述的理论体系，该体系包括总论、分论、体制、历史与方法。应该说该理论体系是公认最早的也是最有影响力的高等教育学学科理论体系，其主要的框架体系直至现在依然具有很深的影响，后来的教科书或多或少都有它的影子。比如由郑启明、薛天祥教授于1985年主编出版的《高等教育学》表述的理论体系：总论、分论、办学条件、体制。该书虽然在可读性及逻辑性上更加通顺，但在理论体系及逻辑安排上基本按照潘懋元前书的框架。

1990年出版的由田建国先生撰写的《高等教育学》一书，其理论体系虽然依然没有摆脱经验框架，但按层次设计了高等教育的基础理论、宏观高等教育、微观高等教育等理论构架，已经有意识地关注高等教育自身的基础理论，试图从普通教育学的逻辑框架中摆脱出来。当然，由于该书欠缺学科基础理论所应有的逻辑起点、基本的学科问题意识及自觉的方法论概括，该书所阐发的高等教育理论体系的三部分之间欠缺内在的联系，各部分之间不能在理论上进行有效的逻辑演绎。因此，虽然该书已经有意识地关注高等教育学的学科基本理论问题，尤其在基础理论部分进行了有益的探索，但总体而言，依然没有摆脱普通教育学的理论支配和经验体系的束缚。

1991年由杨德广教授主编的《高等教育学概论》是一本在当时立意较新、材料较为充分的高等教育学教材。该书注重搜集和吸收高等教育的新成果，关注当时的高等教育实践领域出现的一些新问题，因而在内容、材料上比较丰富，在一些提法上也较为新颖，现实针对性也较强。当然，由于在学科基础理论层面缺乏深度及逻辑系统性，该书还是没有摆脱普通教育学和经验论的窠臼。

1995年9月出版的由潘懋元教授、王伟廉教授编撰的《高等教育学》一书，各章之间遵循"从古到今，从国内到国外""宏观到微观""从基本理论到应用理论"的逻辑顺序，同时该书能够专注于当时高等教育领域的基本现实矛盾展开阐述。

与1984年的《高等教育学》相比，该书删减了普通教育学的一般理论探讨，也删除了属于高等院校具体工作的章节，更加偏重于基本理论的讨论。这可以视为高等教育学理论界已经逐渐摒弃经验体系，开始将高等教育学与普通教育学有意识地分离，创制本学科自己的基本理论体系的自觉努力。当然，正如该书编者在"后记"中所言："本书也是从过去经验形态（或称经验体系）向高等教育学迈进的一本过渡性著作，不可能摆脱经验性的描述，体系上也很不完善。"

1995年10月由胡建华、周川等编撰出版的《高等教育学新论》一书，在该书中作者按照历史—现实—未来的线索展开论述，而且该书非常重要的特点在于以专论的形式阐述高等教育学的学科论，还在主要的内容线索中论述了高等教育的内外部基本规律、高等教育的价值、目的、结构、过程等这些学科建设中的基本理论。全书条理清晰、结构严整，具有中国式的学科体系特色。当然，按照学科基本问题所应有的范式要求，该书在学科基本问题意识、理论的深层逻辑关联性方面依然存在不少提升的可能。

2001年出版的由薛天祥教授主编的《高等教育学》是在我国高等教育改革进入一个全面铺展阶段的教科书。该书在学科基本理论方面最重要的创新在于已经开始自觉地确认高等教育学科理论体系的逻辑起点及其内在关系。该书"以高深而专门知识的教与学为高等教育学理论体系的逻辑起点，以专业作为中介概念，以高等教育（含高等教育本质和高等教育基本规律）为中心概念，以高等教育原则为过渡概念，以高等教育目的及其实现途径为逻辑终点"，自觉构造了一个相当系统的具有基本理论问题意识的高等教育学科理论框架。这个体系是在总结前述理论努力的基础上的结果，是对前期高等教育学科基本理论的一次有效尝试。当然，该书在关于"高深而专门知识的教与学"概念的界定及其蕴含的高等教育内在的本质规定及其矛盾的揭示上是远远不够的，没有真正坚持将该概念作为整个学科理论的逻辑起点应有的基础性作用发挥出来。该书还极为倚重普通教育学的理论框架，将高等教育的基本问题意识局限在教学领域，使高等教育区别于其他类型教育的特点与功能没有完整深入地阐述。另外，对高等教育最根本合法性的论证，即揭示高等教育"是其所是"的方式还局限于通过论述高等教育所具有的外在社会功能的方式来完成，比如通过阐述高等教育的三大功能来论证高等教育存在的合法理据。我们将证明这样的论证对高等教育合法性的论证而言是必要的，但不是充分必要的。这主要起源于还没有真正从本学科的逻辑出发点揭示高等教育的根本矛盾。

当然，在那个阶段还有很多较为系统的教科书或著作出现，这些教科书和著作各具特色，都为推动我国高等教育学的研究，为探索高等教育的本质与规律，建设中国特色社会主义高等教育学学科理论做出了贡献。这些著作和研究探讨了高等教育的基本概念、高等教育学的研究对象、研究内容、研究方法、学科性质和基本规律。人们可以从中学习到高等教育学的若干基本理论和知识，认识高等教育的历史和现状，了解高等教育与社会的发展、与人的发展的关系及高等教育各项工作的性质、任务、原则、内容、方法及具体规程等。并且，我国高等教育学界对本学科基本问题的认识是逐步提高、逐渐自觉的，从完全依附于普通教育学到开始逐渐形成自己的学科基本理论，从沉溺于零碎的经验探讨到开始自觉构建自己的理论体系。

概括总结这个阶段高等教育学基本问题的研究，以下几个特点是显而易见的：

（1）在理论构架上主要以普通教育学为模本，只在不同的侧面加入了高等教育的内容和特点。我们认为，普通教育学是所有教育学领域的理论，是在对各个层次教育领域进行抽象的理论概括基础上形成的，而高等教育学是普通教育学的一个分支学科，在高等教育学的理论框架中当然要体现普通教育学理论的一般性特征。但是如果以普通教育学的理论逻辑完全替代高等教育学的理论逻辑就会泯灭高等教育学的理论个性，就会遮蔽高等教育的真正本质与规律。在我国高等教育学理论领域，这样的替代所形成的后果是严重的：一方面使我们对高等教育的内在矛盾的认知受到很大牵制，不能真正揭示高等教育的本质和规律，将高等教育与基础教育等而视之；另一方面使我们在确证高等教育学作为独立学科的理据受到很大局限，直至今日，还有学者认为也许高等教育学的学科特质就是它不像其他学科一样需要基本问题为主要研讨对象的基础理论，因为它本质上就是一门应用学科。另外一个值得我们注意的问题是，由于高等教育学主要以普通教育学的理论逻辑为模本，普通教育学理论体系本身存在的不合理性也都在高等教育学上反映出来了。在我国的普通教育学中，非常重要的一点是其应用性特征，教育学的学科体系主要表现为工作体系，虽然一般的教科书都会在前面加入一些基本理论，比如教育学的学科性质、教育的本质、教育的基本规律、教育的基本原则、教育学的基本方法论等等表达学科基本问题的要素，但对这些要素的界定，尤其是它们之间的内在联系尚欠缺系统的深入研究，因而从学科基本问题的要求来看，我们还不能说我国的普通教育学在基本理论领域已经拥有足够令人信赖的理论体系。上述高等教育学著作虽然也开始考虑学科基本理论的内在逻辑及其结构，但并没有从整体上全面揭示高等教育的真正内在规定性及其矛盾的基本方面，没有真正找寻到高等教育学学科基本理论的逻辑出发点，没有通过学科基本范畴间的逻辑演绎来完成学科基本理论体系的建构。

（2）对学科基本理论的关注和研究依然是一个极为薄弱的环节，在研究的倾向性上更多地向应用性研究倾斜。由于种种原因，包括由于对普通教育学基础理论的过度依赖，一些高等教育的研究人员似乎缺乏对高等教育学基本理论研究的动力和兴趣，认为那是普通教育学领域内的事情。在这样的理论动机下，高等教育学的研究主要是回应高等教育的实践问题，以高等学校的工作形态的描述作为主要的学科理论表达也就在所难免了。著名教育学家赫尔巴特认为，真正的知识是自相一致的概念体系，因此，作为对某一学科基本问题的表述的学科基本理论必须是一种能够揭示内在矛盾和联系的概念、判断及由概念、判断通过逻辑演绎而完成的理论体系。经验当然是我们进行认识的起点和基础，但经验绝对不能构成学科理论体系的逻辑起点。按照马克思主义认识论的基本认知规律，正确的理论思维必须走两段路："在第一条道路上，完整的表象蒸发为抽象的规定；在第二条道路上，抽象的规定在思维行程中导致具体的再现。""第一条道路"指明了在理论思维中形成认识的先决条件是获得丰富的经验材料。在获得这些经验材料后就进入了理论抽象阶段，即从思维中抽取出对客体本质的认识，在这个阶段形成了概念和一些揭示概念之间本质联系的判断。当然，获得这些概念和判断并不意味着思维发展的终结，为了在思维中再现客体发展变化的本质和规律性进程，我们还必须踏上"第二条道路"，即根据辩证思维的基本要求，从抽象的概念出发，运用从抽象到具体的方法，以理性思维的方式揭示出客观事物的运行规律和本质状态。从学科基本问题着手，就是要在充分解读该学科领域内经验材料的基础上，形成能够表达该领域某些本质的概念、范畴，然后在此基础上形成具有逻辑自洽性的理论体系。上述高等教育的研究在某些领域已经形成一些能够揭示该领域本质的一些基本概念，但是在构建具有内在联系的学科理论体系方面尚有不少距离。

（3）在高等教育学研究人员中没有形成学术共同体，学科的自觉意识不尽如人意。这是由经验研究所决定的，也是没有共同的学科基本理论逻辑所造成的必然结果。经验研究的重要特点是往往仅关注学科领域的应用性问题，而对理论问题却少有兴趣。经验研究往往针对实践领域中某一具体问题进行提问并提供可操作性的答案，这样的研究也许能在某个局部领域形成理论上的认知，但也就止步于此了。正因为对学科的整体问题欠缺深度的理论思考，欠缺独立学科应有的共同的问题意识，妨碍了高等教育学作为一个独立学科应有的知识上的整体性、系统性，从而即使在针对实践问题进行争论时也会因为没有共同的理论前提或假设而使争论没有通约性。由于更多关注学科的应用性问题，因此对本学科自身的认识就有所欠缺，在学科定位、学科性质、学科方法论方面的理论思考就严重不足。这些都会极大地妨碍高等教育学从业人员形成稳定的学术共同体，妨碍学科自觉意识的成长。

（4）关于高等教育基本问题的表述及其论证是教条主义的、功能主义的。在我国高等教育学的一般教科书或论著中，关于高等教育的本质、高等教育的基本规律等涉及高等教育基本问题的理论一般都借助于普通教育学中关于教育的基本问题的论述。教育的本质是要揭示教育内在的根本矛盾，一般认为，教育的内在根本矛盾是由教育所要达到的要求与受教育者的实际状况构成的，推而广之，高等教育的内在矛盾是由高等教育所要达到的对高级专门人才的培养要求同已完成中学教育的人的实际状况构成的。我们姑且不论这样的表述是否科学地揭示出教育的根本矛盾，但就高等教育而言，将普通教育学的内在矛盾"推广"到高等教育领域，至少没有真正显示出高等教育与其他教育类型的本质区别，或者这样表述出来的高等教育根本矛盾还不能完整地涵盖它的内在规定性，它仅仅是高等教育内在矛盾的一种。其实关于教育本质的理论的讨论自1978年至今从未停止过，曾经出现过"生产力说""上层建筑说""双重属性说""多重属性说""社会实践活动说""生产实践说""精神生产说""产业说"等等说法，归纳总结这些不同的论说，应该说都在不同层面揭示了教育不同层次的规定性，但有一点不得不令我们遗憾：这些论说一般都注意从马克思主义经典著作中寻找依据和论证的材料，试图以宏观的历史唯物主义方法论为唯一的理论指南来确定教育的本质属性，即通过对历史唯物主义的现成结论进行"教育学"的提炼。而将教育学最重要的提炼基础和原料——教育现象的历史发展和鲜活的教育实践作为主要的理论提炼基础却极为鲜见，这不能不说是对历史唯物主义方法论的一种反讽！

在关于高等教育的本质及基本规律的论述中，还有一种可以称之为功能主义的论证方式。所谓功能主义的论证方式就是指以事务所发挥的有利作用、效能来证明事物的存在、状态和规律。即往往将高等教育存在的合法性基础、高等教育的本质及高等教育的基本规律表述为高等教育与其他领域，包括政治、经济、文化之间的相互作用，通过与这些领域的相互作用来阐述高等教育的存在依据。具体表现为在论证高等教育的本质时，以高等教育的功能，即主要是指教学、科学研究、社会服务三项职能来完成论证；在论述高等教育基本规律时，往往通过论述高等教育与社会发展、高等教育与人的发展来完成论证。我们认为，通过阐述高等教育的功能是揭示其本质与基本规律的重要途径，但高等教育的本质与基本规律并不能仅仅通过阐述其功能来完成，因为揭示高等教育的本质及其基本规律的意义在于能够以本体论追问的方式完成高等教育"是其所是"的根本理据。

第二节　中国高等教育学基本理论建构

一、历史与逻辑的统一和高等教育学科基本理论研究

历史与逻辑相统一的思想最早是由黑格尔提出的。黑格尔认为，历史上先后出现的概念、原理的次序就是绝对理念中范畴、理论的逻辑次序。他说："哲学体系在历史中的次序同观念的逻辑规定在推演中的次序是一样的。"由于黑格尔的学说是建立在"绝对理念"的基础上的，因而他所说的历史与逻辑的统一思想是服务于绝对理念的精神旅程的。他认为概念范畴的逻辑体系包含于绝对理念之中，在自然之先，历史发展是逻辑理念的显现，因而他往往采用先验的逻辑次序去剪裁历史。

真正科学论述历史与逻辑相统一的是恩格斯，他在《卡尔·马克思〈政治经济学批判〉》一文中说："对经济学的批判，即使按照已经得到的方法，也可以采用两种方式：按照历史或按照逻辑。既然在历史上也像在它的文献的反映上一样，整个说来，发展也是从最简单的关系进到比较复杂的关系，那么，政治经济学文献的历史发展就提供了批判所能遵循的自然线索，而且整个说来，经济范畴出现的顺序同它们在逻辑发展中的顺序也是一样的。"他还特别强调"历史常常是跳跃式地和曲折地前进的，如果必然处处跟随着它，那就势必不仅会注意许多无关紧要的材料，而且也会常常打断思想进程；……因此，逻辑的研究方式是唯一适用的方式。但是实际上这种方式无非是历史的研究方式，不过摆脱了历史的形式以及起扰乱作用的偶然性而已"。恩格斯一方面突出了历史顺序与逻辑顺序的一致性，尽管历史的演进充满偶然，常常插入一些突变性的跳跃式插曲，但历史长河总是在偶然性中开辟出一条必然性的道路；另一方面，他认为在研究历史时要注重逻辑推演与哲学思辨，避免陷入纯史料的堆积和迷茫之中，力求从逻辑高度审视与反观历史。他说："历史从哪里开始，思想进程也应当从哪里开始，而思想进程的进一步发展不过是历史过程在抽象的理论上前后一贯的形式上的反映；这种反映是经过修正的，然而是按照现实的历史过程本身的规律修正的，这时，每一个要素可以在它完全成熟而具有典范形式的发展点上加以考察。"恩格斯在这里除了又一次说了观念与历史的一致、逻辑与历史的统一之外，他还隐含地提出了两个更深刻的观点：一是认识一个事物应该在该事物"完全而具有典范形式的发展点上加以考察"。从高等教育学学科基本理论研究来看，对高等教育的逻辑蕴含展开有效阐述的最好条件是在高等教育的历史形态处于最成熟的状态时，因为在那种状态下，高等教育的特质得到较为完整的绽放，为解读它提供了最丰富的研究材料。因此，从高等教

育的某一个方面，例如高深学问、教育组织、教学活动等单一元素或素材阐释高等教育的材质是具有很大局限性的，因为高等教育的发展本身是一个从简单粗糙到复杂精致的过程，是一个从整体裹挟到分化分工的过程。高等教育作为一种具有高度组织化、系统化、自觉性的教育实践活动，不太可能在教育发展的早期阶段就充分展开自己的逻辑蕴含。因此，在教育的早期阶段确证高等教育的本质蕴含显然是不充分的，换言之，只有在高等教育作为一种社会实践方式已经得到充分展开的条件下，追究高等教育的逻辑蕴含才是具备充分条件的。

另一个极为深刻的观点是历史与逻辑的统一思想并非一种机械化的反映论，它不是指对一个事物逻辑蕴含的认知只能等待该事物完全展开后才能进行研究，而是认为事物的发展本身是一个逐渐展开的过程，尽管"历史从哪里开始，思想进程也应当从哪里开始""思想进程的进一步发展不过是历史过程在抽象的理论上前后一贯的形式上的反映"，但是理论概念、理论假设等在对该事物的认识中具有巨大的能动作用，因为"思想进程"对"历史过程"的反映"是经过修正的""是按照现实的历史过程本身的规律修正的"。对此列宁也指出："概念（认识）在存在中揭露本质——整个人类认识的真正的一般进程就是如此。自然科学和政治经济学以及历史的进程也是如此。所以黑格尔的辩证法是思想史的概括。从各门科学的历史上更具体更详尽地研究这一点，会是一个极有裨益的任务。总地来说，在逻辑中思想史应当和思维规律相吻合。"列宁进一步阐释了历史与逻辑统一的方法适用于"各门科学的历史"研究，因此，该方法是高等教育学基本理论研究中的最佳方法。该方法特别要突出思想历程"和思维规律相吻合"，即注重历史与逻辑的统一。在高等教育历史上存在着大量关于高等教育理论的结晶，它们是人们在特定的时空中关于高等教育的逻辑蕴含的反映，这些在历史中形成的高等教育逻辑概念对我们进一步理解高等教育的逻辑蕴含构成了重要的前提和条件。因此，历史与逻辑相统一的思维方法由黑格尔初创，后经马克思，恩格斯予以唯物主义的改造和完善。其中逻辑是人类认识发展的规律，这种思维方法要求我们在研究高等教育基本理论的过程中既要遵从历史的客观进程，又要善于对历史事实作符合逻辑的理论提升，要在已经取得的逻辑基础上进一步进行大胆的理论假设，并通过科学的求证，以取得更为丰富、更能反映高等教育"历史过程"的逻辑概念。由此逻辑概念更能进一步地展示高等教育的基本理论形态。

因此，运用历史与逻辑相统一的方法更进一步地确证高等教育基本理论是高等教育研究人员的一项重要而艰巨的任务。按照历史与逻辑相统一的方法论要求，要善于"从历史中发现逻辑，学会用逻辑去考察历史"。既要强化高等教育的理论指导，站在理论的高度，运用哲学思辨的眼光去审视与评判高等教育的发展历史，又要重视遵从史实，奠定扎实的高等教育的历史学功底，善于挖掘与鉴别第一手史料，力求关于高等教育的研究实现"自然次序"与"历史发展次序"的统一，力争在高等教育的研究中实现高等教育学科与历史学科的完美结合。我们不能完全陷入历史主义而忽略了逻辑思辨与历史哲学，正如何兆武先生所说："历史是人类过去的活动，但是人们对于历史的认识却不仅仅是限于要求知识或确定历史事实而已，他们还要求从历史事实中能总结出一种理论观点来，即把编年史的记录提升到一种思想理论高度上来，寻求历史发展和变化的某种规律，从历史事实中演绎出意义或者是对历史事实赋之以意义，从而把历史事实归纳为一种理论体系。"

二、中国高等教育学基本理论建构的设想

依照"范式"论的要求，中国高等教育学作为一门独立而成熟的社会科学还有不少距离，这既有该学科本身内部的原因，更与中国社会科学发展进程中普遍存在的问题有关。笔者拟从以下几个方面做出思考：

第一，改革现行教育科研行政管理体制，增强高等教育学研究在资源配置、组织管理层面的自治能力，使高等教育学研究真正摆脱他律状态。现行管理体制，尤其是社会科学的科研、学科建设管理体制，依然带有浓厚的计划时代特色，从资源配置、学科分类、学科点的布设到学术评定均基本沿用计划时期的管理模式，带有很大的主观性和平均化倾向。首先，高等教育学的发展很大程度上取决于计划理性和长官意志，在教育、科研资源的配置上带有很强的行政性和平均化，甚至还有很强的任意性。由于没有从高等教育学学科发展本身的规律出发，因此资源配置的效益较为低下。其次，中国高等教育学研究从起步到发展的每一步都渗透着经验主义的期待和功用色彩，从学科布局到科研项目大多是为了进行实践论证、评估和预测，都是紧紧围绕高等教育实践的不断铺展进行的，带有浓厚的应用特色，高等教育学研究很大程度上成了行政决策的咨询活动，而在自身基础理论层面的研究展开得不多。最后，由于高等教育学学科发展中行政权力与学术自治权利界限划不清（这在当代中国学术领域似乎普遍存在），以及由此而来的从业人员、组织机构的双重身份，高等教育学研究不能完全按照学术发展规律运行，学术发展不再取决于学术因素，很大程度上由行政因素来决定或规定学术发展的规模、方向及速率。总之，现行的教育科研行政管理体制是造成高等教育学研究严重缺乏自治能力、处于他律状态的重要制度性因素。

因此，改革现行管理体制，转变教育科研行政职能是当务之急。在资源配置上，应当着眼于宏观调控。一方面适当控制、收缩高等教育学教育科研规模，严格审查办学资格和条件；另一方面，资源配置不能实行平均、分散的计划供给，应有重点、有选择地分配资源，重点供给和扶持较有教育学学术传统和学术能力的教育、科研机构，特别要保障高等教育学基础理论的教育和研究（因为高等教育学基础理论对于建立高等教育学"范式"具有基础性作用，它的成熟对高等教育学研究自律化和规范化起保

障作用）。在高等教育学"公共论坛"的建设上，要建设真正的精品学术刊物，除了在经费上要重点扶持外，也要给予其重大的智力支持，使其在高等教育学研究领域真正树立学术上的权威性（当然，学术刊物的学术权威性主要来自该刊物的自律和严格的学术规范与要求，行政管理机构最应该做到的是不作为），加强高等教育学学术组织和从业人员的规范管理，杜绝既是裁判员又是运动员的身份混同现象，大力增强学术组织的自治能力，真正使科研经费的分配、学科点的布设、学术职称的评定按照学术标准和规律运行。因此，管理体制改革的重点应是下放由教育科研行政部门垄断的学术权力，使之真正回归到学术组织中去，赋予高等教育学研究者团体以更多的学术自治权力。另外，高等教育学学术组织必须加强学术自律，进一步加强学术权力运行程序与规则的制度建设，按照学术权力自身运动发展的法则实现高度自治。

第二，在高等教育学研究中真正确立独立成熟学科应有的基本问题意识：基本的提问方式、基本问题群和基本的理论框架及方法论。在实践上，高等教育领域已经拥有相对独立而自足的社会特征，并且在知识社会中，这种独立特征及其所拥有的社会影响力正在使之成为改变社会整体面貌和社会个体生活最重要的领域之一，因而在理论层面寻找其发展变化的规律已经是一项刻不容缓的任务。高等教育实践领域的自足性迫切要求一个具有普遍有效解释力的基本理论范式系统与之相适应，从而真正奠定高等教育学的独立学科地位。因而在理论上，高等教育学作为主要的理论载体必须具有如下学科品性：在理论形态上，按照理论与实践、历史与逻辑、抽象与具体相统一的思维原则，必须拥有由一系列富有解释效力的基本概念、判断、假说构成的抽象理论；在方法论上，必须有区别于其他学科特征的研究方法。这些基本理论内容和基本研究方法将构成高等教育学独立学科存在的主要内在依据。

因此，高等教育学研究应着力于基础理论，而基础理论的突破绝对不会平地而起，它一般要在两个方面首先获得深入阐释：一是对中国高等教育的历史进行学术上的科学解说，二是能够在理论上解决实践中突出而普遍的问题。因为高等教育学研究本身缺乏学术传统，因而在现阶段上述领域研究的开展只能借助于其他已经较为成熟的学科的研究方法。在研究内容和领域上，主要整理和阐释中国高等教育的历史、中国大学的历史及高等教育思想发展的历史，以及在现阶段高等教育领域存在的一些突出而普遍的问题，比如高等教育与公共领域（尤其是与国家的关系）问题研究、高等院校的社会角色研究、大学教师的学术责任研究、高等教育中的社会权利（力）研究、知识发展规律的研究（实际上该领域的研究很大程度上与知识社会学、科学哲学的研究具有重合性）等。对这些历史和现实问题的关注将使高等教育学研究在基础理论层面具有很大的突破可能，从而为形成具有广泛解释力的理论范式提供坚实基础和思维契机。

另外特别要强调一点的是，虽然在基本理念层次上，一个社会科学学科的存在与发展有赖于实践领域的问题资源，高等教育领域已经成为社会显性事实为该学科的存在与发展准备了基本前提，但社会科学作为学科建设必须提出如下基本要求：必须提出一系列连贯一致的理论说明、检测的概念和假说，这些理论体系必须能够最大限度地经受经验材料的证实或者证伪。真正成熟的学科发展绝对不是仅仅紧随社会中的热点现象，在还没有做好相应的知识准备的情况下就进行所谓的学术理论分析，因为这样的研究成果既不能真正对社会经验材料做出科学有效的解释，更不能对学科发展的基本理论问题做出"范式"意义上的贡献。因此，这要求高等教育学的研究者能够真正坐得住冷板凳，将研究的关注点更多地放置在基础理论领域。

第三，理顺学术研究内在机制，建立和培育良好、健康的学术规范与氛围。这主要涉及两点：一是高等教育学研究者个人的学术品性与能力，二是该领域的共同体建设问题。首先，健康的学术争鸣是一个学科健康发展的重要条件和契机，它可以使学科研究在更深更广的层次上展开。而学术争鸣的健康开展有赖于研究者宽容的学术气度、相互尊重的学术氛围。学术争鸣在中外思想学术界也不乏有益的楷模，思想家们在相互尊重、取长补短的学术争鸣中使思想学术获得了不同程度的发展甚至突破。在中国高等教育学研究领域也曾发生过学术争鸣，但由于以下原因，这些争鸣没有起到应有的学术作用和意义：由于没有很好的学术范式，高等教育学的学术争鸣往往起因于非学术界，尤其是高等教育实践领域成为学术争鸣的策源地。其次，培育开放的学术研究姿态，在国际交流、研究方法、学术组织的构成等层面真正克服封闭主义、地方主义。在高等教育学研究严重缺乏已有学术"范式"的现状下，借鉴外国已有的学术资源，借助其他已经成熟学科的研究方法进行综合交叉研究是本学科建构自身"范式"的重要步骤。要综合运用社会学、政治学、经济学等已经成熟的社会科学基本方法论对高等教育领域的一系列经验现象进行科学建构，从而为高等教育学的研究打下知识论基础，这需要本学科的从业人员有开放的学术姿态。在学术组织的建设中，应该大力破除因行政权力和行政划分而形成的地方主义，恢复和增强学术组织的中介、国际交流作用。最后，中国高等教育学学科发展最广阔而深厚的动力源泉是生动丰富的高等教育历史与现实，高等教育学的教学与研究应该深深地扎根于此，因而在大力进行该学科国际交流的同时，加强本学科的本土化建设应该成为重要的学术重心。

总之，中国高等教育学研究期待一个真正具有自主解释效力的学科"范式"，以回应波澜壮阔的高等教育实践，这需要这个领域的学术人员进行艰苦的理论创新，进行很多的冷板凳工作。

三、自由与控制——高等教育学的基本问题意识

追问一个学科的基本问题意识无外乎是揭示该学科的内在基本矛盾，即揭示该学

科是针对什么提问的；提了哪些基本问题；是如何提问的；这些提问的领域、提问的内容及提问的方式是如何联结起来的，等等。比如，哲学学科的基本问题主要针对的是关于人、世界、社会最一般的层面进行提问，其基本问题群包括世界、社会、人的本质、规律等等，其提问的方式主要是本体论的、反思式的。总之，学科基本问题所要阐发的是该学科作为一种理论立场的基本视域和基本主题。高等教育学作为一门年轻的学科，对它的基本问题的研究和揭示是该学科获得基本学术合法性的基础，是该学科基本理论必须承担的使命。

在现行我国高等教育学的理论框架中，学科基本问题是通过借助普通教育学的基本规律的方式来完成建构的。普通教育学的基本规律认为，教育是在与社会、与人的相互关系中完成的，因此，教育的内在根本矛盾就是教育与社会、教育与人的发展之间的矛盾。推而广之，在高等教育领域，高等教育的内在根本矛盾就表述为：高等教育与社会发展、高等教育与人的发展之间的矛盾。高等教育的基本规律表述为：高等教育必须适应和促进社会的发展；高等教育必须适应大学生身心发展的特征和促进大学生德智体美等方面的发展。因此，高等教育学的基本问题意识可以简约地提炼为高等教育与社会、人之间的矛盾。

笔者认为，作为唯物史观在教育学领域的体现，这样的表述在根本的方法论层面坚持了历史唯物主义的根本方向，是建构科学的教育学理论必须坚持的根本方法论。但是将宏观的根本方法论的主要内容直接作为某一学科的基本问题意识有失简单和教条：一方面，对教育学和高等教育学而言，将唯物史观的主要内容作为其基本问题将会使我们对这两个学科的基本问题作简单化理解，不能真正揭示和理解这两个学科所蕴含的特殊矛盾；另一方面，直接将唯物史观的内容移用为具体学科的基本问题将混同一般的方法论原则与具体的学科知识之间的界限，将使唯物史观丧失源头活水，这本质上是对唯物史观的教条式理解和应用。因此，我们认为高等教育学的学科基本问题必须是在坚持唯物史观的宏观方法论的基础上对高等教育领域特殊矛盾的揭示，它必须是具体的、历史的，即对高等教育特殊矛盾的揭示必须深入到具体的、历史的高等教育事实中去，必须是对生动的高等教育事实的科学抽象和提炼。

英国著名的高等教育专家哈罗德·珀金下面的一段话非常精当地概括了高等教育在其历史进展中所体现出来的根本矛盾——自由和控制："就大学为了追求和传播知识需要自由而言，当种种控制力量软弱分散时，大学知识之花就开得绚丽多姿；就大学需要资源维持办学，并因此依赖富裕、强大的教会、国家或市场支持而言，当种种控制力量强大时，大学在物质上就显得繁荣昌盛，但是这种力量可能——也的确常常——以各种有害于教学和研究自由的方式实行控制。因此便出现了这种奇怪现象：当大学最自由时却最缺乏资源，当它拥有最多资源时则最不自由（这并不是说自由可以自动地结出丰硕的学术之果，而控制一定会阻碍学术水平。18 世纪英格兰大学的自由导致大学变得死气沉沉和享乐主义泛滥；而19世纪受国家控制的德国大学教授不管洪堡教学自由的理论，却写出了杰出的学术著作）。大学诞生在一种无论在政治、精神方面还是在知识学问方面都处于分裂状态的独特文明之中。大学的规模发展到最大时，正是社会越来越依靠政府全面控制之日。"

如果我们承认古希腊时代的学者学园可以作为高等教育的一个雏形或者萌芽，在那儿我们可以清晰地看到自由与控制的冲突：一方面，学校的教师可以四处游学，到任何可以自由地探讨学问和讲学的地方去；另一方面，城邦按照自己的统治逻辑及宗教信念对这些知识的研究者和传播者进行控制。在这个意义上，我们可以毫不夸张地认定苏格拉底之死正是这种矛盾激化的极端表现。在中世纪，高等教育中自由与控制的矛盾更加鲜明。一方面，中世纪是一个四分五裂、高度分权的时期，世俗王权与教会神权的分立使社会治理不可能由一个统一的中央权力中心来完成，二元甚至多元的权力状态使知识自由成为可能。由此，当中世纪末市镇重新兴起时，他们可以通过赎买等方式从国王、贵族、主教或修道院院长那儿获得特许状，确保他们可以免受封建特权的束缚。中世纪大学就是在这样的自治氛围中发展起来的。当时的大学通过自己的内部组织结构和外部的特许权状来获得和维持自己在教学与研究方面的自由，这些自由主要表现为独立自主地发表自己意见的权利、自由迁徙的权利。另一方面，上述大学所获取的自由对市镇、主教、国王或教皇这些统治者来说是有效的威胁。大学为了规避来自这些机构的威胁，维护自己的自由，不得不进行迁徙。在中世纪大学创建初期，很多大学有过这样的迁徙，例如牛津大学和剑桥大学分别是一批人从巴黎、牛津迁徙出来后创办起来的。

宗教改革及资产阶级革命使大学逐渐摆脱了教会的全面控制，但正如哈罗德·珀金所言："对大学来说，宗教改革是一次付了极大代价的胜利。大学铸造了武器，但是世俗政府得到很多战利品。"刚刚摆脱教会控制的大学紧接着面对一个新的外在威胁——民族国家对高等教育的控制。其中，德国现代高等教育的创制具有典型意义：首先，对德国创制现代高等教育具有极大影响的是法国大革命和1806年拿破仑打败普鲁士这一事件。有一件事情经常被人们提起，当哈雷大学被拿破仑镇压，因而呼吁腓特烈·威廉三世在其他地方重建该大学时，威廉三世答道："对！好！国家必须用精神力量去补偿物质上的损失。"因此，他任命威廉·洪堡为内务部长改革普鲁士教育制度。在德国高等教育中，国家起着很大作用：它是大学的创办者、经费的提供者、教授和绝大多数毕业生的雇主。而矛盾的是，国家一方面保证大学教学自由和学习自由，另一方面又希望教授与学生能报效国家。德国的大学模式后来广为世界各地所羡慕与效仿。

随着自然科学知识与技术逐渐在大学课程中被大量引入，社会分工及现代工业社会的需要对高等教育的影响日益加深，因而市场对高等教育的影响已经成为重要的社会事实，其中最典型的莫过于美国的高等教育。德国模式虽然在美国得到最有意识的模仿，但其后果却很少具有德国性。19世纪自由市场式的美国高等教育体制与德国的国家控制和国家提供经费的大学体制有天壤之别，"即使像耶鲁、哈佛、普林斯顿这样的以向教派牧师和'基督徒绅士'提供普通教育为初衷的老学府也深刻意识到市场的作用，而根据1862年《莫利尔赠地学院法》创立的州立学院则更有意识地去适应地方对农业技术教学的需要"。因此，在教会和民族国家之后，市场成为对高等教育进行控制的一个重要因素。这种控制是全方位的，市场不仅可以支配高等教育设置专业的种类与规格，还可以通过研究经费的供给控制科学研究的方向。在今天，跨国公司和财团对各国高等教育的影响是显而易见的。

另外，自由与控制之间的矛盾还形成于高等教育内部关系中。在中世纪的大学中，主要有两种类型的大学内部学术行会，一种是以博洛尼亚大学为基础的世俗的、以学生为中心并以市场需要为目标的模式，在这种模式中，学生行会付给讲课费并对讲课者享有很大权力；另一种是巴黎大学的正统教会模式，在这种模式中，教师控制学生。博洛尼亚大学的学生模式在后来慢慢衰弱下去，大多数大学继承了以教师行会为基础的正统模式。中世纪大学因为拥有内部独立的行会组织而享有很高的独立自治权，这是大学能够具有适应能力和长久不衰的关键所在。当然，由于大学日益成为现代社会的"轴心机构"，它们对社会的生存和繁荣是如此重要，以至于它们越来越多地受中央政府的直接或间接控制，也由于兴办大学的费用越来越高，政府很容易通过拨款的方式实现对大学的控制。更为重要的是，高等教育的内部机构显然越来越向一种由国家控制的法人官僚机构发展，这种官僚结构倾向不仅开始成为大学的办学环境，而且渗透高等教育本身，并往往形成高校内部学者与行政人员之间的对立。

美国著名高等教育哲学家约翰·S.布鲁贝克认为，大学确立其地位的主要哲学基础有两个，一个是以认识论为基础的高等教育哲学，另一个哲学基础是政治论。这种对高等教育哲学基础的概括很好地抓住了高等教育的基本矛盾，使高等教育学的学科问题意识非常简约地浮现出来。以认识论为基础的高等教育哲学实际上坚持了高等教育中的知识自由原则，并以此原则作为高等教育最根本的合法性基础；以政治论为基础的高等教育哲学认为人们探讨深奥的知识不仅出于"闲逸的好奇"，更因为它对国家、社会有着深远的影响。其实，无论是认识论哲学还是政治论哲学，都从一个侧面解读了高等教育的功能基础。一般认为，高等教育有三大功能，即教学、科研和社会服务。其实，认识论哲学基础体现了一定的教学与科研功能的要求，即创造与传播知识必须要有相应的自由为保障，而政治论的哲学基础体现了社会服务的功能要求，即高等教育是社会的一个子系统，只有与社会整体进行有效交流，该系统才能葆有活力。

因此我们认为，无论从历史的纵向维度来看，还是从高等教育的功能逻辑分析，高等教育的一个主题就是高等教育创造与传播知识的自由同外在力量，包括教会、国家、官僚机构及市场出于自身的需要而对高等教育施加的控制之间的矛盾。

四、学科——高等教育学基本理论的逻辑起点

作为一门学科基本理论的逻辑起点必须具备三个条件：它必须是该学科中最基本、最普遍的现实存在；它必须与本学科所研究的对象在历史起点上相一致；它必须蕴含着该学科尚未展开的全部概念的丰富性。正如商品是资本主义社会最基本、最普遍的现实存在一样，商品与商品社会在历史存在上具有起点的一致性，商品蕴含着商品社会中基本的社会矛盾，因而商品可以成为分析包括资本主义社会在内的商品社会的理论上的逻辑起点。高等教育学基本理论的逻辑起点也必须符合上述要求，笔者认为这个逻辑起点是学科。

薛天祥教授在其主编的《高等教育学》中认为，高等教育学理论的逻辑起点应该是"高深专门知识的教和学"。笔者认为将"高深专门知识的教和学"作为逻辑起点有以下不妥：第一，该概念在高等教育实践中不常见，过于冗长，有失简约。作为一门学科理论逻辑起点的概念应该是在该领域常见的概念，显然，"高深专门知识的教和学"在高等教育的实践及理论领域也是一个不常见的概念。第二，"高深专门知识的教和学"没有能够蕴含广泛的高等教育的内在基本矛盾，在这个概念中，涵盖的内在关系更多的是侧重于对高等教育领域的教学与科研活动矛盾的揭示，即更多地将解说的重点放在高等教育内的活动，而高等教育与其他社会领域的内在关系没有得到有效表达，更不要说对高等教育学基本学科问题意识的体现了。

学科是一种社会历史现象，它是伴随着高等教育的产生而产生的。可以说，有了学科就有了高等教育，有了高等教育就必然有学科。高等教育学是一门年轻的学科，它与学科本身之间是什么关系？在众多高等教育学教科书中，学科一般被视为是该学科的一个基本范畴或者是高等教育的一种基本工作规程。但我们认为，学科与高等教育之间具有历史与逻辑上的本质联系，学科的产生、发展、变化，印证着高等教育的历史轨迹，学科所面对的基本矛盾总是传达着高等教育的基本矛盾。我们说物理学的基本问题与学科本身之间不具有这样密切的关系，研究学科的历史和内涵很难真正揭示物理学的基本问题。但研究学科的历史与内涵却是揭示高等教育学基本问题的必要前提，因为学科一方面是高等教育的基本内容，反映了高等教育在不同历史时期的规模、水平和建制；另一方面它是连接高等教育与社会、高等教育与知识创造之间的互动纽带，传达着社会对高等教育的影响、要求及其未来发展方向。正如商品是马克思政治经济学的基本范畴一样，研究商品是研究和揭示资本主义社会基本矛盾的必要前提，因此，要真正理解高等教育学的基本问题，首要的是理解作为高等教育学基本范畴之一的"学科"概念的基本蕴涵，解读其基本的内在规定性。当然，我们也不能机械教条地认为研究学科的基本蕴涵就等于研究了高等教育的基本问题，正如我们不能

教条地认为揭示了商品的基本矛盾就已经揭示了资本主义社会的基本矛盾一样。

按照汉语的习惯用法，学科主要有两种含义：一是指按照学术的性质而分成的科学门类，如自然科学中的物理学、化学，社会科学中的政治学、法学等；二是指教学的科目，如语文、数学、英语等，是一种教学的课程名称。因此，学科的含义似乎与科学研究和教学有密切的关系。在西方的语言渊源中，"学科"一词源于拉丁文的动词"学习"，以及从它派生出来的名词"学习者"，其寓意有"纪律""规范""科目""训练"等。因此，我们可以直观地给学科下一个简约的定义：学科是一种学术和教育的分类，即按知识的性质划分的门类，它一方面对人类的科学研究、知识创造起着目录性的指导作用，规定着科学研究者的探索范围、方法路径及研究基础，"学科明显是一种联结化学家与化学家、心理学家与心理学家、历史学家与历史学家的专门化组织，它按学科，即通过知识领域实现专门化"。另一方面为教育提供有效的知识传达媒介和平台。可以说，一定程度上高等教育的发展是与学科进入教学领域分不开的。在古代，世界就已经出现运用分科进行教育的历史，从中世纪就开始出现了各种形式的学术课程规划，文法、神学、法学、医学、修辞等学科逐渐成为教育领域的主要教学载体。

当然，上述学科的两种含义还仅仅是它的形式含义，学科的内在规定性还必须到学科的历史中找寻。学科是与人类的知识进展和分工密切相关的。人类从自然界、人类社会和自身思维中获得的知识是与日俱增的，这种知识发展、积累到一定程度，人类就会对这种知识的增长规律做出反思，这种反思的结果之一就是形成了知识生产中的学科现象，恩格斯说："经验自然科学积累了如此庞大数量的实证的知识材料，以致在每一个研究领域中有系统地依据材料的内在联系把这些材料加以整理的必要，就成为无可避免地。"

人类的知识原来是一个混沌的整体。在古代，哲学是一个包容万象的知识部门，它包含着所有的自然科学、社会科学及人文学科的知识内容，是所有后世学科知识的母体。社会分工和职业的发展、人类知识的进化及科学方法论的突破以及教育活动的需要是学科得以形成并获得发展的三大动力源泉。

由社会生产水平决定的社会分工决定和制约着人类知识生产的广度和深度。正是由于社会生产力的发展，早期的人类群体中有一部分人能够摆脱繁重的体力劳动，获得宝贵的闲暇时间进行专门的知识创造活动。无论是古代中国的孔子、孟子还是古希腊的柏拉图与亚里士多德，虽然他们所处的社会经济文化环境千差万别，但对脑力劳动与体力劳动的分工所造成的社会结果都有几乎相同的论断：正因为脑力劳动与体力劳动的分离，一部分人可以专门从事思维活动。可以说，脑力劳动与体力劳动的分工是学科现象出现的最原初、最基础的条件，但是它还不能直接决定学科的产生。学科现象的产生与社会分工的持续复杂化具有直接的密切关系。

首先，社会分工的日益发达产生了越来越多的社会职业，而这些社会职业越来具有专门化知识的要求，其传承仅靠实践性的"传、帮、带"已远远不能满足职业要求。因此必须有专门的机构通过专门的教育活动来完成这样的职业传承。在中古时代，无论是东方还是西方，国家需要具有相当知识及技术含量的国家统治人员，包括官员、法官、律师及教会工作者。另外，社会还需要一定数量的具有专门医学知识的医生来从事医疗行业。这些职业必须经历一定程度的教育培训才能上岗，因为这些职业都具有相当的专门知识与技术"门槛"，不进行专门化的培养教育是不可能完成有效的职业传承的。

在古代中国，虽然没有形成能与西方进行沟通的现代学科制度，但是，带有浓厚职业分工色彩的知识分类显然是存在的。当然，古代中国的知识分类及学科现象主要集中在文学、史学、法律学等与政治统治职业密切相关的领域。只有到了19世纪末20世纪初，中国的学科制度才真正迈向现代化。在中古时代的西方，知识分类与职业更是具有密切的关系。在柏拉图的《理想国》中，政治家、武士贵族及生产者都有相应的职业分工，这些职业也有相应的德行与之配备，更有相应的知识类型专属这些职业身份，例如政治家必须精通哲学辩证法等。在古代罗马，由于法律在社会生活中的重要作用，包括法官、律师、政治家在内的职业人群必须能够精通法律技术知识，因而法学能够作为一门独立的学科存在成为必然。而在基督教的欧洲中世纪，教会为了研究、传播基督福音，需要大量的神学人员从事教会职业，因此神学职业的需求决定了神学学科的存在与发展。特别是随着自然科学知识愈益成为具有支配性影响的知识形态，科学—科学技术—社会生产的链条基本完成，各个社会职业的分工也愈益细化、专门化，这些都决定了知识生产与传播的形式——学科化必须紧紧跟上。现代工业社会中，知识生产对社会生产的渗透越来越广泛，不同的职业所具有的专门化知识的"门槛"越来越"高精尖"，不通过专门化的教育是完全不能完成职业人才的培养的。因此，社会分工的日益发展要求对职业人才的培养具有相应的专门化的知识载体来完成，这个载体就是以学科为基础的专业和课程。

其次，就人类知识生产本身而言，随着认知领域的不断扩展，人类的认知活动也必须是有继承、有分工地进行的。后人的认知不可能是在完全无视前人认知成果的基础上展开的；就认知活动的主体形态而言，该活动一般都表现为个体性的知识探索行为。因此，认知活动在纵向和横向上就应该是一个进行有效分工的活动，如果套用生产理论的话，人类的知识创造表现为知识生产力，而在知识生产中形成的纵向及横向关系则表现为一种有别于物质创造活动的"知识生产关系"。这种"知识生产关系"由多种要素组成，包括特定的认知对象、方法论及由认知历史而形成的知识传统。这些要素的存在使人类的知识创新更有效率。在一定程度上我们可以把这些要素的统合称作学科。

人类认知活动的领域总是由浅而深、由窄而宽的。随着深度与宽度的不断深化，认知活动中所要处理的信息量也呈几何级增加，而作为认知主体的人类个体，其生命及活动范围都是极其有限的。为此，只能将有限的认知力量投放在有限的范围内，实行专业化认知；就认知对象而言，随着认识深度的加深，外在世界的结构、本质与规律也逐渐被揭示，这促使认知者对认知对象进行有目的的归类、总结，将不同的认知领域进行专业化的归并。另外，在认知活动中产生了很多有效的认知方法，随着人类认知活动的不断深入，这些认知方法也被不断总结，从而形成了在不同的认知领域各具特色的认知方法论。因此，通过对人类认知活动本身的总结经验，就逐渐形成了按照认知主体、认知对象、认知方法进行划分的学科。这种学科的产生及发展既是一种学科的内在逻辑演绎，也是一个独特的学科历史过程。即在逻辑上学科逐渐产生了它的各个要素，包括学科共同体、学科领域及学科方法论等，而在人类的知识史中，学科的历史性出场也是有迹可循的。现代的知识总体是由三大部分组成的，即人文学科、社会学科及自然学科，这些学科的出现既是一个历史的过程，是一个逐渐从混沌的知识总体到分化瓦解的历史进程，也是一个学科自觉的过程。这种自觉主要体现为不同的学科在研究对象和方法论领域逐渐开始形成自己的领域。

最后，从学科的本义来说，它与教育、学习有着极为密切的联系，学科的产生与发展在一定程度上是由教育教学直接推动的。"学科"一词源于拉丁文的动词"学习"，以及从它派生出来的名词"学习者"。虽然人类对自然与社会在深度和广度等方面的认识水平有限，在早期只能进行"自由教育"，但依然采用有效的知识分类方法和以学科为载体来完成教育教学。在古希腊的雅典，当时非常重视文化知识的学习，主要通过文法、修辞学和哲学三门学科知识的教育来完成。在罗马和中世纪时代的欧洲，教育主要通过"语法、逻辑、修辞学，还有算术、几何、天文、音乐"及法学、神学、医学等带有职业性学科讲座的形式来完成。在古代中国，最初是以"礼、乐、射、御、书、数"六艺为主，后来则以阐述"穷理正心修己治人之道"的经书为主，尽管缺乏西方古代学科所具有的充足的知识性分类特征，但这些古代的知识分类为教育的发展提供了有效的载体。随着自然科学从哲学中逐渐分化，现代意义上的知识分类真正产生了。由于知识量大增及社会职业的大量需求，教育领域逐渐进入了专业化教育阶段。在这个阶段，自然科学作为主要学科载体进入学校教育。尽管高等教育对科学的新发展反应淡漠，但是仍然阻挡不了科学学科作为主要的学科对教育的影响。尤其是工业革命后，伴随着工商业发展而来的功利主义与国家主义加速了自然科学全面渗透进教育领域的进程。正是自然科学知识学科逐渐对教育的全面渗透与控制，使传统的教育发生了巨大的变化；同时，也正因为教育领域采用了大量的自然科学知识学科，学科的内涵更加丰富多彩。自然科学作为一种新型的知识形态，给原有的学科样式带来了一股清新的意味：注重观察、实验，将知识的基础建立在人的经验观察之上；更加注意知识的统一性和分门别类；关注知识的社会效应与功利；更加追求知识的精确性，等等。

可以说，由于自然科学知识作为学科进入教育领域，学科在发展中又实现了一次重大的丰富和自觉，是知识生产方式的又一次巨大飞跃。

因此，学科的历史发展体现为它与社会发展、知识进展及教育需要之间的密切联系，学科构成了社会发展与知识创造之间的中介，这种中介作用是通过教育的发展来体现的。

在现当代，学科发展体现为以下几个趋势和特点：

第一，学科的应用价值获得了更高的认同。这种应用价值不仅仅体现在为职业教育与训练提供了学科知识和平台，更重要的是，现当代的学科发展为解决一系列的社会、工程甚至个体心灵的矛盾提供解决之道。由于科学知识的积累与储备日益雄厚，生产力水平不断提高，科研能力得到了大幅度的提升，科学技术从发明到实际应用的周期大大缩短。劳动生产力的提高越来越依赖于科学技术的发展，建立在实验基础上的现代科学由生产的女儿变成了生产的母亲。以学科为重要载体的当代高等教育已经成为整个社会生产不可或缺的重要环节。

第二，学科的高度分化与高度综合的同步进行。学科分化是指把科学知识的个别分支分出来，使之成为具有自己的特殊研究对象、研究内容、研究方法和知识体系的相对独立的理论系统。它表现为学科越分越细、越分越多。学科综合实际上是以世界统一性为理论基础，以知识及其方法论之间的相互渗透、相互促进为主要推动方式的学科现象，它是在科学分化的基础上由于认识到各个学科领域之间的相互依赖和相互转化的关系，因而又形成了一些具有新质但内涵更广的学科。

第三，学科发展的国际化趋势愈加明显。现代国际科技合作是伴随着学科分化、专业化程度的不断提高而来的。人类的认知不是由一人、一国来完成，而是更多地依靠国际的合作。在研究资金、研究机会、实验条件及成果共享方面，学科发展的国际化水平达到了惊人的程度。这是由现代的知识创造规律所决定的，是符合现代科学发展规律的。当然，学科发展国际化程度的提高不能掩盖不同学科之间的不平衡。在大多数的自然科学领域，国际化程度普遍较高，而在涉及意识形态、文化冲突的人文、社会科学学科领域就显得参差不齐。另外，我们要看到学科发展的国际化程度的大幅度提高，显示了人类认知领域需求和发展趋势，但我们不能忽视这样一个事实，广大发展中国家在学科发展领域依然处于边缘和依附状态。

根据上述阐述，学科不仅仅是指称科学研究与教学的一个形式化的概念，它也是在社会历史文化中不断进行丰富流转的现象，学科的产生、发展及未来趋向至少与下述三个因素有直接关系：人类社会发展的需要、知识创造的组织方式与认知要求、教育的历史发展。学科从刚产生的时候仅仅是一种教育建制的简单概念，逐渐使自己的含义丰富起来：它包括特定的研究对象与领域、特定的研究方法、特有的知识组织方式以及与时代之间的独特关联性。因此，作为高等教育领域最常见、最普通的学科在历史和逻辑相统一的基础上展示了高等教育的基本矛盾,这个基本矛盾是知识创造和传播的自由与政治、经济、社会的需要形成的控制之间的矛盾。学科所展示的这个矛盾也渗透在高等教育的不同领域中,是我们解读高等教育的基本问题意识和视角,学科范畴当之无愧地是高等教育学基本理论的逻辑出发点。

五、专业、大学理念——高等教育学的基本范畴

(一)专业

在高等教育中,与学科联系最为紧密的概念莫过于专业了,在一定的程度上,两个概念经常被混用。之所以把专业作为高等教育学基本理论的基本范畴,一方面是因为专业在高等教育领域中是一种常见的现象,基本是与高等教育本身共同产生的,在它身上承载着高等教育所特有的矛盾;另一方面,从专业与学科的起源来看,学科分化在前,专业形成在后,并且随着知识生产的迅猛发展,新兴学科和学科群的涌现,专业形成往往落后于学科的发展,专业的划分以学科分类为基础,与社会职业分工相适应。专业与学科、专业与社会职业分工之间的关系决定了专业与知识创造、专业与社会发展、专业与专业教育之间有着极为密切的共生关系,对专业的解读将能够揭示出高等教育所蕴含的根本矛盾。

专业的历史可以追溯到高等教育的萌芽阶段。在古希腊,智者派创设了文法、修辞和辩证法,柏拉图等人又提出了算术、几何、天文学和音乐等专业科目。在古代中国,孔子所设私学中的教学就有德行、言语、文学的分类;南北朝时,设"总明观",分玄学、儒学、文学、史学四个科目;隋朝时设书学、国子学、算学、律学等科目;唐代时设国子学、太学、四门学、书学、算学、律学等科目。应该说,当时的专业与知识创造、与专业教育关系还比较模糊,这些分类更多的是与社会职业及国家统治职能有紧密的关系。

在西方,直到欧洲中世纪大学的诞生才使专业真正有了与现代意义的高等教育更为本质性的联系。11世纪至13世纪,欧洲各国的手工业及工商业开始繁荣,逐步形成了中世纪的城市,这些城市在与教会和国王贵族的斗争中逐渐获得了很大的自治权。在教育领域,原先的僧侣学校、教会学校再也不能满足社会越来越多的世俗需求,这个时期适应世俗需要的大学产生了。在这个时期诞生的大学具有明显的专业教育的特征。比如1158年建立的意大利波隆那大学的前身就是一所专门研究、传播罗马法的法律学校;1231年创立的萨勒诺大学是以医学为主要专业的;而最负盛名的巴黎大学有法律、医学、神学、文学四个著名专业,成为当时大学的楷模。中世纪的大学以培养大学教师、教会专业人员、法官、医生等职业为主要任务,在教育中以专业教育为主,同时兼修文法、修辞、辩证法、几何、算术、音乐、天文"七种自由艺术",这是当时

的高等教育回应社会需求和知识状况的主要专业布局，反映了精英主义、贵族主义教育的主要特点。

西方政治革命与产业革命后，大学以神学为主的时代结束了。可以说，政治革命破除了西方高等教育向真正现代意义高等教育发展的外在压迫，扫除了其自主发展的最重要的障碍——教会与贵族特权，使高等教育向世俗社会的真正开放成为可能。产业革命既是自然科学革命的结果，又是新知识、新专业、新大学的催化剂。产业革命加速了知识的分化进程，大学开始围绕各个学科、各个专业及课程重新组织教育形式和内容。19世纪，大学改革的浪潮在许多国家不同程度地铺展开来。一方面，传统大学纷纷增设自然科学为主要知识形态的专业，另一方面，"新大学"运动的蓬勃发展，使一大批紧紧围绕当时当地社会经济发展需要的大学得以设立。由此，高等教育的专业化特征更加完整：大学教育的专业平台不仅仅顺应社会分工发展的趋势，也是回应知识进展的客观事实。

20世纪初，高等学校从单一化走向多样化，从学校类型看，随着人类认识能力的发展，知识的增长速度加快，各种专门化程度较高的专业学院纷纷出现；从学校教育的层次来看，除了传统的本科教育依然保持活力外，适应当地经济、社会、科技发展需要的"职业学院"也以崭新的面貌出现，这些新型学院设置的专业从农业到工业，从家政到商业，从医疗技术到服务行业等，无所不包。第二次世界大战后，出现了世界范围的大学教育改革浪潮，大学的形态、职能发生了巨大的变化。现代高等教育与科学、技术、生产、社会生活等方面的关系异常密切。同时，经济社会的发展进步催生了高等教育大众化的需求，给专业教育又赋予了更为丰富的内涵。由于知识分化与知识的综合成为当代科学技术发展的两大特征，因此其反映到专业教育上也呈现出专门化教育与整体化教育、精英教育与大众教育的两难。这些矛盾是当代高等教育所面临的基本矛盾，它们都能在关于专业教育的解读中获得反映。

因此，我们可以根据专业的上述历史性描述为其下一个定义：专业一方面是指知识的专门化领域，另一方面是一种专门的职业培养的基本单位，一种依据学科的分类和社会分工需要而形成的教育实体。在专业范畴中体现了高等教育的一系列基本矛盾：知识自由与社会控制之间的矛盾；自由教育与专门化培养之间的矛盾；精英教育与大众化教育的矛盾，等等。

现代专业教育与社会生活日益紧密的联系甚至使高等教育的一般含义正在经受前所未有的考验。例如澳大利亚学者W.F.康纳尔说："20世纪初，在大学教育、中学教育与技术教育中间，出现了一种不安的关系。技术教育是介于中学教育与大学教育之间的，而技术学习在中学和大学各要达到何种程度，也是不确定的。"20世纪职业教育的广泛盛行，主要是在新科技革命推动下的市场领域对具有较高素质水平的技术工人的大量需求，满足这种需求的教育在现阶段是相当重要的，而且可以预见，这样的教育形态的存在是长期的，但它们到底应该被归类为哪一类型的教育，显然值得讨论。

（二）大学理念

在高等教育的早期阶段，大学概念几乎是与之相等同的概念，大学的含义与高等教育的含义是一样的。但是高等教育发展到今天，由于多层次、多类型的中等教育后的教育机构纷纷出现，它们处在中等教育向上延伸和高等教育向下延伸的交叉地带，加剧了高等教育含义的宽泛性。因此，大学与高等教育等同的情况发生了改变，大学逐渐成为高等教育下的一个子概念。大学虽然作为高等教育下的一个子概念，但是依然在高等教育领域中占有核心的地位与作用，无论是就日常看法还是在理论的探讨中，关于大学的理论一直是高等教育领域的基本现象与范畴，而"大学的理念"的概念也随着国家、市场等外在因素对高等教育发挥日益重要的影响而成为人们探讨的问题。

1852年，纽曼的经典之作———《大学的理念》为大学理念的研究拉开了序幕，从这时起，"大学理念"被作为高等教育哲学上的一个概念为越来越多的人所重视。就西方的大学理念而言，我们已经习惯于听到纽曼、洪堡、克尔等的名字，因为他们所提出的大学理念呈现一种很有条理的演变路线。如果我们按照从简的原则进行叙述的话，即按照大学的职能这一象征性主题来说，这条线可以很清楚地表示为：教学——教学＋科学研究——教学＋科学研究＋服务。现在，在许多高等教育的著作中也已经将这三者认定为大学的三项职能。显然，大家已经承认这条线路发展的合理性。当然这并不是他们三人对于大学理念的全部内容，不能因此就认为这些就是他们的大学理念。纽曼、洪堡、克尔他们各有自己完整的大学理念体系，这需要在对大学理念这一概念重新加以审视的基础上作进一步的分析和归纳。

"理念"由英文idea翻译传至中国。最早提出这一词语的是苏格拉底，随后的柏拉图、亚里士多德、黑格尔、康德等都对理念一词做了诠释，他们虽因哲学立场的不同对理念有不同的定义，但有以下几个共同点：第一，理念是与现象相对的，是对事物进行本质规定的概念，它是对现象世界的超越与抽象。第二，理念是最高层次的本质规定，按照亚里士多德的说法，它是一个事物"是其所是"的东西，即一个存在之所以是那个存在的理由，是最终理由，是本体论上的理由，这种理由是其他理由的理由，它存在的理由是它自己。第三，由理念所规定的事物的本质是不变的、稳定的，因而理念不同于一般的观念、意见，"理念"在认识论上的层次比"观念"高一些，前者更趋于理性，后者只是人们对事物的一般认识和印象，即偏重于已接触到的一些事物。理念也不同于目标等，理念是事物通过自身的发展展示出来的自己独特的本质规定性，它与该事物是同一的。第四，理念还与理想有一定的联系，蕴含着对某一目标或境界的追求，理念还表达着一种价值立场和情感特征，它是指对某种理想状态的赞成、认同、守望。因此，我们可以对理念作如下描述性定义：理念是指对一事物做出的最高本质的具有高度稳定性的理性认知，它表达着对该事物理想状态的认同与守望。

按照对理念的理解，我们也可以大致给出大学理念的描述性定义：大学理念是指对大学最根本的理性认知，这种认知是稳定的，它表达了人们对于大学应有的理想状态的认同与守望。在我们的一般理解中，很难真正分清大学理念与高等教育原则、目标、大学精神、校训等这些蕴含教育价值性信息概念的区别。其实，这些概念与大学理念都有很紧密的联系，它们都在不同层次上体现了大学理念。

在日常生活中，"原则"对我们来说并不陌生。从理论层面来说，原则是指人们按照事物活动的本质、规律进行实践活动的行动指南、活动方针或准则。原则一方面同本质规律相联系，另一方面又与实践活动密切相关。因此，原则的意义在于它是反映规律与经验，且架构在它们与实践经验之间的一座桥梁。高等教育原则是建立在高等教育发展的客观规律基础上的对高等教育实践经验的总结、归纳，是对经验进行一定程度的思维抽象的结果，高等教育原则是科学地指导高等教育活动的行动指南、方针或行动准则。在高等教育领域，比较著名的原则是德国洪堡在创建柏林大学时提出的教学与科研相结合的原则。这一原则的提出及有力贯彻，使柏林大学很快成为世界各国高等教育学习的对象。可以这样认为，高等教育原则对高等教育的实践活动具有引导、定位的作用，它是对高等教育本质和规律的概括与运用，是大学理念的具体体现。因此，高等教育的原则本身不是大学的理念，但是它体现了大学的理念，大学的理念如果没有原则为其作桥梁，理念就是空中楼阁。

在当代高等教育原则中，经常被提到的有：①方向性原则，它在高等教育中起着指引方向的作用，具体含义是指在高等教育中要坚持社会主义办学方向及正确的高等教育学术导向；②适应性原则，指高等教育要不断适应知识发展的规律及社会经济发展的需求，要不断适应受教育者身心全面发展的要求；③科学与民主的原则，这是高等教育自由自治理念的必然体现，在知识领域，要体现理性与求实的科学精神，在高等教育的管理、教学中体现民主精神，高等教育要成为现代民主与法治精神的养成场所；④国际性与民族性相结合的原则，即在知识创新、知识视野、知识交流、教育制度等各个层面体现国际交流、国际合作的原则，同时高等教育要充分体现本国的民族精神与文化，使高等教育领域成为民族精神的养育之地。上述高等教育原则是当代大学理念的具体体现，表达了当代高等教育应有的精神风貌和价值取向。

高等教育目的是与高等教育理念非常接近的一个概念，如果说理念是抽象的、稳定不变的关于高等教育的理性认识的话，那么高等教育目的是对这种理念的具体规划。其目的是人活动前预先观念地存在于头脑中的结果，高等教育目的是人们在活动前于头脑中对高等教育活动结果的一种预见和构想。高等教育目的是高等教育活动的出发点和归宿，它对高等教育具有导向、调控、评价和激励作用。

从高等教育的整个历史进程来说，高等教育的目的大致有三种主要的类型：人文主义目的论。人文主义教育目的论的哲学基础是人性不变的哲学观，认为人性是美好的，而且是永恒不变的，因而教育的目的也是永恒不变的，教育的目的就是培养人性。永恒不变的人性在于理性，教育的根本目的就是培养和发展人的理性。在人文主义教育目的论中，普通教育与英才教育是必需的，是最主要的教育模式，而职业教育和专业教育虽然不可少，但只是次要的。人文主义教育目的论在历史上也是几经沉浮，在当代教育领域，它又有复苏的迹象，因此，我们通过对这种教育目的的解读至少可以理解一点，即在教育的目的系列中确实存在着一个终极的目的，"我们不要忘记文艺复兴时期的哲学在改造教育方面所起的有益作用，尤其应牢记古希腊珍贵的榜样。正如卡尔·马克思所指出的，在古希腊，一种作为强烈和持久向往之目标的理想在生理和精神上成功地塑造了人类。无论如何教育活动和教育机构只要遵循着一个最高目的才有存在的理由"。人文主义教育目的论对当代中国的高等教育具有很强烈的启迪意义。

社会本位的教育目的论。它强调社会对高等教育的制约作用，主要依据社会的需要来确定高等教育的目的和活动。社会本位的教育目的论往往在强调社会需要的基础上发展成为国家主义的教育目的论，即视国家利益高于一切，把为国家服务作为教育的最高目标。应该说，社会本位的教育目的论看到了社会对于高等教育的支配性作用，为高等教育能够尽可能适应社会及国家的需要提供了理论基础，但拘泥于经济决定论的教条式思维，使高等教育容易沦为各种外在领域的"工具"，它无视个体发展的需要，忽视高等教育本身的内在规律，往往以政治经济的规律来替代高等教育的发展规律，因而其发展后果是过度依赖狭隘的专业教育，培养大批的"工匠"型人才，这是与全面发展的教育目的相违背的。

人的全面发展的高等教育目的论。这是马克思主义教育理论的核心，它认为，教育发展受物质生产条件决定，只有当物质生产条件提到相当高度时，制约教育发展的障碍才能彻底扫除。马克思关于人的全面发展理论是其教育目的论的理论基础，即在全面提高社会生产力水平的基础上，消除旧式分工带给人的局限性，消除体力劳动与脑力劳动、身心发展方面的分裂，使社会中的每个人都能得到全面、充分、和谐的发展，最终实现全人类的全面解放，步入自由王国。在这样的理论基础上，马克思全面发展的教育目的论有三层含义：第一层是指人的心智的全面和谐发展，教育可以通过智育、德育和美育等不同教育形式来全面促进人的心智的全面和谐发展；第二层是指人的身心全面和谐发展；第三层是指个体和社会的协调发展，在更广阔的社会历史场景中把握人的全面发展。马克思主义人的全面发展的教育目的论是指导当代中国高等教育的目的，对当代中国高等教育具有全面的指导性意义。

大学精神是从社会学、文化学、教育学意义上赋予大学以生命、活力并反映了其历史传统、观念形式、社会声誉、人际关系、师生心态、校风校貌和学校个性化特色的一种校园精神文化形式。与其相对的是大学的物质因素，它属于校园文化的一种，而大学理念则是比大学精神、校园文化更上一层的概念。但是，大学精神是大学理念的"支柱和核心"。

校训是大学生经常接触到的，每所学校都有自己的校训。它是实实在在存在的，一般都可以用简短的词语表示出来。而大学理念是一种观念体系，不可能像校训一样用这种简单的方式表示出来。二者的联系在于，校训可以体现大学理念，大学理念最精练的表现形式就是校训。

通过上述论述我们能更加生动地理解似乎极为抽象的大学理念其实是通过多种具体的教育形态、教育现象表现出来的一种触手可感的精神形态，它的存在能使我们真正懂得大学之为大者的真正含义。

第三章　高等教育的本质与属性

第一节　教育本质研究的哲学基础

教育本质问题是教育哲学的基本问题，哲学观点不同，对其理解和解释也不同。我国多年来对教育本质的研究呈现出了多角度、多层面的特点，其结果多种多样。但是如果从哲学思想的角度考察，却仍显示出了思维模式单一的特点，因为大多数研究的思想基础是建立在唯物辩证法的基础上的。对教育本质问题的研究，目前至少有三种哲学思想值得参考，分别是辩证唯物主义的教育本质观、现象学本质观和后现代主义思潮的消除本质观。

一、辩证唯物主义的教育本质观

辩证唯物主义的教育本质观建立在黑格尔"本质在关系中"的基本观点之上，从历史和逻辑出发认识教育本质，在各种关系中抽象出教育本质。

辩证唯物主义本质观的基本观点是：一切事物都是以运动发展的方式存在，在运动发展过程中，事物呈现出纷繁多样的外部表现，即所谓的现象。但是，尽管客观事物的存在方式是变化的，但在它的内部却有一条贯穿于全体而又相对稳定的性质，这种在事物内部的比较稳定的性质，即事物的本质。认识的任务就是透过事物现象把握事物本质。

辩证唯物主义的本质范畴最初来源于黑格尔，黑格尔在《小逻辑》中提出，事物的存在单位具有三个方面的规定：质、本质、概念。所谓质，指的是一个尚不知道其"是什么"的事物，但作为一个独立单位已存在，它直接表明这是一个什么样的事物，是对该事物直接的、独立的和总体的规定，并不涉及任何关系。例如，当我们还不知道人类社会中存在的某些事情就是教育时，我们可以问"这是什么"，回答"这是教育"，那么"教育"就是对这些事情的"质"的规定。所谓本质，则是作为一个独立存在单位的事物，在某种关系中的一个方面规定，当我们讲某个事物在某种关系中起什么作用时，我们是在讲这个事物的"本质"，所以在黑格尔看来，不能离开事物特定的关系来谈论这个事物的本质。例如，我们不能一般地谈论教育的本质，只能在同其他事物相互关系中，探讨其所表现出来的某一方面的规定。所谓"概念"，是指对已知事物的定义，即决定一事物之所以是某事物的规定。

从辩证唯物主义的本质观出发，教育界对教育本质的探讨主要沿袭了三条途径：

第一，追溯教育的本义。从教育发展的历史出发，追述教育的本义。认为"就'教育'的内涵来说，它至少有三义：第一义，为本义，指'善'的影响，使人善良；第二义，指使个人完善发展，为教育转义；第三义，指个人成为完善发展的社会人，为第二义的转义"。

第二，寻求关系中的教育本质。主要是从教育与外部环境之间的关系及教育自身关系出发，透过历史的、现实的诸现象，分析教育的构成要素、彼此关系及教育与外部环境之间的关系，揭示教育本质。如在我国教育理论界曾出现过长达十余年的关于教育本质的讨论，主要围绕教育与生产力、生产关系、上层建筑的关系展开，在关系中寻找教育本质自身。

第三，试图给教育一个明确的概念。给教育一个明确的概念，是每一部教育学著作首先面对并着力研究的问题。在出版的教育专著中出现过若干个不同的教育概念，有从社会出发的教育概念，有从儿童（人、个人）出发的教育概念，也有从文化出发的教育概念。

辩证唯物主义的本质观和教育本质观，走的是一条哲学思辨之路，在这个过程中，借鉴人类的文化经典，透过历史的、现实的诸现象，本着合乎历史和逻辑的原则，构建教育本质内涵。但同时，因其意义不容易被阐明，不容易被直观，受到较多的怀疑，这也为寻找新的理解教育本质之路留下了空间。

二、现象学本质观

现象学本质观是以"回到事物本身"这句现象学名言为基础来分析研究事物本质的，它主要表现为一种特殊的哲学方法。

现象学的创始人胡塞尔首先将现象学理解为一种方法，"现象学：它标志着一门科学，一种诸科学学科之间的联系；但现象学同时并且首先标志着一种方法和态度：特殊的哲学思维态度和特殊的哲学方法"。这阐述了他运用这种方法所要达到的目的：这是一种方法，我想要用这种方法来反对神秘主义与非理性主义，以建立一种超理性主义，这种超理性主义胜过已不适用的旧理性主义，却又维护它最内在的目的。

胡塞尔对现象学的两个最基本理解为：其一，现象学排斥中介的因素，把直接的把握或直观看作是一切知识的来源和检验一切知识的最终标准；其二，现象学在经验的事实基础上要求通过直观来获取本质洞察，即获得对本质因素以及在它们中间的本质关系的把握。

从两个最基本的理解中，可以看见"回到事物本身"这句现象学名言在现象学中的地位。

首先，"回到事物本身"意味着现象学的根本：排除假定，强调直观把握。现象学不以任何预先假定为前提，它认为各种假设皆有其不确定性，一种已有的经验知识，在后来可能被其他经验知识所排斥，并且这种经验知识反过来又被新的经验证据所排斥。现象学唯一有效的出发点即排除了假定的出发点，是从给予我们意识的那些纯粹材料开始，并且在内在体验中感知到事实，将直观作为现象学"第一方法原则"，就在于每一种原本给予的直观都是一个合法的认识源泉，将所有那些在直观中原本地展示给我们的东西，当作它们自身所给予的那样来加以接受。现象学不满足那些"产生于遥远、含糊和非本真直观的含义"，希望回到"事物本身"上去，希望"在充分发挥了的直观中获得明证性"。现象学的所有成就都产生于那种真实切近事物本身、纯粹朝向其直观自身被给予性的研究之中。

其次，"回到事物本身"方能洞察事物本质。现象学通过本质还原获得事物本质，本质还原是在方法上得到本质直观的过程，它的目的在于把握本质。关于本质还原过程，倪梁康在《胡塞尔现象学概念通释》一书中作了较为详细的描述：第一步，以想象的方式在思维中产生杂多的变项；第二步，关注这个杂多变项，对这个杂多变项的支持会导致一种递推的相合性，在这种相合性中，所有变项都显现为相互间的变化。在某些规定性方面，所有的变项都达到一致，而在其他一些相互独立的规定性方面，它们之间又相互区别开来。第三步，使那些在所有变更中都保持不变的规定性的总和作为所有变相的必然内涵，即作为本质，而被直观到。

当我们通过本质还原掌握了本质时，我们也同时掌握了根植于其中的必然的本质规律。例如，当我们掌握了教育的本质时，我们就知道作为本质的教育的基本要素，这不仅适用于现实世界，而且适用于任何可能的世界。

在本质还原中，我们可以感受到现象学态度是反思态度，就是对"我—感知—被感知物"的反思，人们反思并不是反思存在的事物，而是反思人们感知事物的体验，经过反思后，存在事物失去时空存在，成为纯粹的意识。反思后的现象学的结构为：自我—我思—所思之物。现象学"回到事物本身"的研究态度以及对现象学方法的共同理解将众多的成员联合在一起，其效应已远远超越哲学界，广泛影响了心理学、病理学、美学、宗教学、教育学、逻辑学、数学、经济学等学科的思考和构建。近年来，在教育和教育研究中日益频繁使用的生活、情境、意义、理解、建构等话语，都与现象学有着密切联系。现象学对教育学的影响是多方面的，其中"回到事物本身"对我们理解教育本质具有重要意义。

由此可以看出，在现象学视野下对教育本质的理解，需要我们直观当下的教育情境，关注日常生活经验，直接面对教育中的各种人物、事件及其丰富的教育关系，而不是深沉的认识论、本体论或形而上学的问题，避免任何一种没有充分根据的理论建构。也就是说教育本质不能从抽象的理论或分析系统中去寻找，而应该在生活的世界中去寻找，教育本质存在于极其具体的真实的教育生活情境中。

显然，胡塞尔的哲学思考方式与黑格尔的哲学思考方式是不同的，胡塞尔的哲学思维方式是描述的、写实的、分析的。现象学的研究是工作哲学的研究，它通常是"贴近地面的"，而非"气势磅礴的"，是"大题小做"或"微言大义"，而非"大而化之"或"笼而统之"，更不是动辄"上下五千年，往来中印西"。这里的主宰者不是激情，而是明察；不是虚无缥缈的思辨和构想，而是脚踏实地的分析与描述；不是高高在上的纲领，而是细致入微的分析研究；不是泛泛地论证，而是去接近事物本身。胡塞尔要求哲学要"严格"，这种严格、审慎的态度，倡导了一种严格的治学态度和求实的研究风格，对于研究教育本质问题，提出一个良好的治学态度。同时，现象学道路排斥一切假定，为教育工作者理解教育本质提供了一条自明的道路，使我们更多地关注当下的教育，关注学生的生活世界、师生的交互主体性等教育的实际问题。

三、后现代主义思潮的消除本质论

20世纪以来，否定本质的思潮成为一种时尚，其中后现代主义哲学表现得尤为突出。后现代作为一种文化思潮，一开始就是对现代性的反叛，后现代主义承袭了现代西方哲学中的反理性和反主体性哲学的策略和传统，把本质问题当作虚无的哲学问题予以排斥，他们标榜"反对实质化""去中心""不确定性""反整体性等"，倡导多元，崇尚差异，主张开放，注重平等，推崇创造，否定中心和等级，去掉本质和必然。

后现代主义认为，本质主义所主张的本质高于现象，并把本质的发展和揭示视为认识的最高目标是极其荒谬的，因为本质并不存在。"任何一个追求某种事物的本质的人，都是在追求一个幻影。"后期维特根斯坦消除事物本质的策略是提出"家族相似论"概念，该概念强调世界上各种事物之间并不存在普遍的共同本质，而是如同一个家族的各个成员那样，显示出重叠交叉的相似性。罗蒂从实用主义角度消除本质，福柯则是从人的本质方面去消除本质。

后现代主义拒斥传统的二元论。后现代主义者罗蒂认为，所谓反本质主义就是放弃内在与外在，物体的内在核心与其他边缘领域之间的区别的企图。在他看来，不存在像物体的内在本性、本质一类的东西。"一旦内在和外在之间的区别消失，实在与现象之间的区别，以及我们与世界之间是否有屏障的忧虑，也就随之消失。"在《后现代主义与文化》一书中，杰姆逊概括出了四种所谓的深度模式，黑格尔的辩证法被称为最早的一种深度模式，"因为辩证法认为有现象与本质区别，认为人们不能用现象判断事物，社会生活、历史的现象必然经过破译，也就是说必须找到其中的内在规律和内在本质"，而事实上的万事万物就如同洋葱一样，把它们层层剥开之后，里面其实什么也没有，主张要抛弃深度模式。

后现代主义认为，传统哲学家崇尚本质、贬低现象、渴求共性、蔑视个性，事实上是仿效自然科学家的思维模式去提出问题和研究问题，热衷于运用自然科学的方法去探求各种社会历史现象的共同本质。后现代主义反对把自然科学的思维模式引入社会生活，不再相信这个绝对说法能够说明现在的真理和秩序。利奥塔认为，社会并非等待那些在方法论上十分严谨的人来发现单一性或整体，任何现实都不可能有公认的基础。与利奥塔一样，许多后现代主义者否定传统的本体论和思维方法，这种方法论上的"哥白尼式的转变"，挖掉了传统的二元论的形而上学的墙脚。

后现代主义教育哲学认为，传统的教育目的、教育措施、教育方法等一套东西，都是建立在普遍的、一般的本质基础上的，按解构哲学的演绎，这套东西是有问题的，教育研究应该寻找新的道路。现代教育思想强调，传统教育文本中一些"不言自明"的"真理"，在某种程度上阻碍了教育理论研究的进一步向纵深发展。后现代主义者尊重个性，强调学生的个性差异，重视人的主体性和创造性发展，主张在教育过程中建立平等的师生关系，破除教师在课堂教学上的权威地位，加强师生之间的对话和交流。可以看出，后现代主义者对现实弊端的观察是敏锐的，往往一针见血，但是他们提出解决问题的思路及方法却往往是笨拙的，不切实际的，或者是过于理想化的，但是他们那种勇于打破旧有的思想火花却总是能给人们一种启迪。

第二节 高等教育本质

一、高等教育本质研究概述

高等教育的本质是什么，这是任何高等教育学都不能回避的问题。国内对这一问题的研究，一般是将本质与属性合为一体，统称高等教育的本质属性，其研究是沿袭有关教育本质研究脉络顺流而下的，其观点大致有以下几种。

一种观点认为高等教育具有上层建筑的属性，其视角注重高等教育与政治、经济的相互作用，主要表现在高等教育的政治关系上。一方面高等教育受政治的制约。首先国家通过制定教育方针和教育制度，以及一些有关的政策、法令、规章，把一定阶级的政治准则、要求贯彻到培养人的各个环节中去，将高等教育的领导权掌握在统治者手上；其次，政治决定着接受高等教育的权利，统治者通过设置各种貌似公正的条件，使自己所需要的一部分人接受高等教育，同时剥夺了另一部分人接受高等教育的权利。

另一方面，高等教育为政治服务，表现在通过专门人才的培养为政治服务。其一，高等教育根据国家所制定的教育方针、教育目的、培养目标，培养具有符合统治阶级意志与政治意识的人才，以维护统治阶级的利益，巩固社会的政治制度；其二，高等教育通过培养各级各类专门人才，促进生产力水平提高，发展国民经济，增强国力，巩固经济制度；其三，高等教育为国家培养专门的政治、法律人才，为统治阶级的政治服务。

另一种观点是高等教育是生产力说。教育特别是高等教育，不仅是劳动生产力再生产的重要手段，而且是促进科学技术发展、提高社会生产力的重要手段，因此具有生产力的社会属性……当然还有其他的观点，如高等教育一部分属于上层建筑，一部分属于生产力等，其理由在这里不再赘述。各家同时也都指出了上述观点的片面性的一面。近年来，又有一种新的观点出现。这种观点认为，"高等教育的本质是由高等教育的特殊矛盾构成的，这种特殊矛盾是贯穿高等教育活动过程并始终起决定作用的根本矛盾……高等教育的特殊矛盾是高级专门人才的培养要求与完成完全中等教育后的人的实际情况之间的矛盾。""高等教育的这一特殊矛盾的存在，使高等教育永远具有培养完全中等教育后的人的社会活动的本质属性。"这一探索问题的思维方式值得肯定，但其结论却还有值得商榷之处。因为这种表述更多地揭示了教育的阶段性差别，还没有明确本阶段的本质特征。按照这样的表述，似乎所有层次、所有类型教育的本质都可以用"培养前阶段教育后的人的社会活动"来概括。显然这个结论过于形式化，没有将不同层次教育的特殊性揭示完整。

二、高等教育的本质

（一）关于本质与属性

综上所述，我们对关于高等教育本质问题的认识并不满意，我们希望有更明白、更直观的表述，从而进一步深化对高等教育本质的认识。那么，高等教育的本质究竟是什么？应该怎样表述？在真正进入讨论之前，我们不妨重温有关"本质"与"属性"的概念，以求得更为准确的理解。《辞海》中关于本质的解释是："本质，事物本来的品质和质地，它是由事物的内在矛盾所规定，是事物比较深刻的一贯和稳定的一面。"而关于属性，《辞海》里做了这样的解释："属性，实体的本性，是属于事物本质方面的特性。"从这个解释似乎可以悟出，本质乃事物的实质，是事物间相互区别的标志，属性是本质的作用所表现出来的特性，事物的本质有的表现为单一属性，也有的表现为多重属性，其区别就在于本质受到了什么样因素的影响，产生了怎样的作用。例如，我们要讨论"书籍"的本质和属性，有人因书的阶级斗争、政治斗争内容而确认其为上层建筑，有人因图书中的科技、生产内容而认为其是生产力，也有人综合上述内容，提出了综合包容的观点。这种仅仅根据书载内容的表象就做出对本质的判断，难免有些片面，对本质的判定就应透过这些表面现象去寻找它们的共性。其实，这所有的表象都显示了其"承载文化"的共性，所以我们说书籍的本质就是一种文字形式的文化载体，它具有教育属性和学术属性，这样，无论是甲骨文时代原始的"书片"、封建时代的丝质、竹质的"书简"，还是现代的纸质书籍、电子版本，基本上都可以用这一表述来概括。为什么说书籍具有教育属性和学术属性呢？因为任何书籍都有"有目的影响人"的作用，这正是教育最宽泛的定义。至于书籍的学术属性，是从书籍都具有"教化"和"探索"的功能出发的。要达到这一功能，作者应该将自己最充分的理论、最完美的结果、最美好的一面展现给读者。这些相对成熟和完美的表述结果则体现了书籍的学术性。当然，人们从书籍内容上的政治性、经济性、科技性上考虑，提出书籍具有政治属性、经济属性等等，这一点我们不否认其存在，它确实是其属性的一些侧面，但是它们都已经被包容在"教育"属性之中，因为教育本身具有政治性和经济性等，因此它们没有独立存在的必要。

（二）高等教育的本质

现在我们再重新思考高等教育的本质。

在上一章里，我们对高等教育的概念进行了定义，这种表述只是一种形式定义，并没有接触其本质内容。那么，满足我们定义的高等教育的本质是什么呢？本质是一事物与其他事物之间的区别，探究高等教育的本质也即是探讨高等教育这一事物与其他事物或教育的区别。高等教育作为教育的一类，其教育本质在教育学中已有论述，也即它与其他非教育类事物已经能够有所区别。这里所要研究的只是高等教育与其他教育的区别，或者说高等教育之所以称为高等教育并独立于其他教育的依据何在？我们观察教育现象，发现在教育行列中始终存在着这样一个教育事实：这是以掌握了一定基础知识的成年人为对象，并在不同领域（或学科）中从事着或科学，或技术，或艺术，或伦理等方面各自前沿知识的传授与探究活动。对这种教育现象进行质的抽象后将其表述为"一种对高深学问的传授与探究活动"。这里的"高深学问"具有领域和时间上的相对性及种类上的广泛性（高深学问不是一成不变的，没有永恒性，高深学问也不仅限于科学技术学科范围，人文艺术等非科学领域同样存在高深学问）。人们对这种教育事实的质的规定就是高等教育的本质，这也是我们对高等教育本质的理解。

在这一规定中，"高深学问的传授"表征的是高等教育育人的形式，体现的是高等教育之所以称为教育的普遍性的一面。而"高深学问的探究"是其称为高等教育特殊性的一面，表征的是高等教育发展科学、和谐自然的现象，也是与其他教育的区别之一。高深学问表征的是这一质的规定的界域，也即我们所探讨的高等教育是指限定这一领域所进行的传授与探究活动。离开了高深学问，就失去了讨论问题的前提。所以高深学问是这一规定的核心要素，对高深学问的传授和探究表明了高等教育活动的活动特点，也是构成高等教育的主要因素。这样，高深学问的传授与探究活动共同构成了高等教育的基本要素。

高等教育的本质与普通教育的本质有哪些异同呢？首先，我们肯定教育"是一种培养人的活动"的本质观，普通教育对人的培养具有全面性和普及性的特点，即它注重对人从知识、技能、人格、个性、情感等全方位的培养，它所涉及的多是简单的普及性知识，与人的日常生活密切相关，对人的成长具有基础性作用。高等教育虽然也具有培养人的特征，但它的培养具有明确的侧重点，它是在普通教育的基础上选择一定的领域（或方向）重点培养，目标是使学生学有所长，这也是人们称高等教育为专业性教育的原因。

高等教育是一种高层次的专业教育，这里的高层次，不仅仅体现在学历的高层次，更体现在其所涉及知识的高深性。何为知识的高深性？它一方面表现在纵向上的深奥性、未知性和探索性，另一方面在横向上表现出各自的独立性和自成体系性，在高等教育中往往表现为学科性和专门性。但凡高深知识（或学问）在各自的领域里都具有"阳春白雪"的性质，而要在这些领域里去实施教育，就必须有不断探究的能力和实践，这就构成了高等教育探究高深学问的矛盾。如果高等教育所实施的都是不需要探究的成熟知识的教育，那么它将不再是高级的专门教育，而变成一般的专门教育，高等教育的生命也将终结。

如果将探究高深学问在高等教育的育人环节中视为高等教育工作者（教师）自我修养、自我完善的需要，那么这种需要将伴随着高等教育的教学活动永无休止。因为知识的发展永无终止，对其的探究当然也尾随其后。但是高等教育的这种探索与研究，在目的性上与社会上专门的研究机构有所不同，它不仅仅是为了实现人类社会科学的发展，还要为高等教育自身培养高级专门人才的目标服务。因此这种探究不仅仅是对知识本身发展的探究，而且还要对知识如何传递进行探究，这就构成了高等教育的另一矛盾，即高深知识的教与学的矛盾。这一矛盾，既形成了高等教育与其他层次教育的区别，又构成了高等教育与其他社会研究机构的区别。因此，构成高等教育的特殊矛盾有两个，一是高深学问探究的矛盾，二是高深学问教与学的矛盾。它们共同展现了高等教育的本质，或者说，高等教育的本质就是高深学问的教学与探究。正如有学者指出的：高深学问是高等教育存在的基本理由，高等教育的本质就在于传播高深学问、分析批判现存知识、探索新的学问领域。这里，从教育的角度观察，我们会发现，高等教育的本质发生了裂变，即它不再仅仅是教育（教学），还包括"探究"的内容。这也许正是高等教育的特殊性所在。这就形成了高等教育本质的二重性。如同自然科学领域中人们对光的本质的认识一样，在没有得到统一的解释之前，人们只能用光的波、粒二象性来表述。在高等教育学科，我们也遇到了类似的问题，在没有更精确的、统一的描述之前，我们只能用"高等教育本质的二重性"来表述我们的观点。

值得注意的是，在我们讨论高等教育时，一直没有明确提出有关"人"的问题，似乎有只见知识不见人之嫌。其实不然，因为高等教育是教育的一种，教育的对象是人（任何教育都是如此），教育最基本的问题是解决人在不断完善过程中的矛盾。这是我们讨论任何教育问题的前提，高等教育也不例外。但是不同形式、不同层次的教育，又都具有各自特殊的矛盾，或者说正是这些特殊的矛盾，构成了不同形式、不同层次的教育，解决各类教育问题，实际上是解决这些特殊矛盾。在高等教育阶段，对人的不断完善的过程中矛盾的侧重点具体表现为高深学问的教与学，而要搞好高深学问的教与学，就必须进行高深学问的探究，这是高等教育中不可分割的一个问题，它形成了高等教育本质的两个侧面。因此我们认识高等教育的特殊矛盾，其前提就是站在教育这个大平台之上，在对人的不断完善的过程中，找准高等教育阶段的特殊矛盾，分析它、研究它，进而解决它。

（三）关于高等教育本质研究的再思考

同认识其他事物一样，对高等教育本质的认识，也具有循序渐进性。自高等教育自诞生起，人们对它的定位就在"专门"和"高深"上。中国古代的高等教育，如宋朝设有国子学、太学及律学、书学、画学、医学、武学等专门化学科。这些学科尽管原始简单，但它们具备了专门性和高深性（在当时环境下）的特点。可以说，从事的是一种专门化的高深知识的教育活动，尽管当时的人们并没有教育本质的意识，但是这些做法却体现了"本质"的作用，这也可以说明人们在对教育本质认识上的循序渐进性。最明显的认识上的提高莫过于近代高等教育向现代高等教育的演进。西方的近现代高等教育在世界上处于领先地位，尤其是早期英国大学提倡绅士教育，更让当时上层社会引为自豪。但是这种过分沉浸在人文、伦理、神学等领域中而严重脱离社会的高等教育，是不会得到长久发展的。而当西方的资本主义社会得到了较快发展，工业化程度得到了进一步提高以后，社会迫切需要的是相应的科技知识和人才，而高等教育却与这些毫不相关，表现为高等教育与社会发展不相适应。社会对这种保守的教育提出了疑问，进而冷落，高等教育不得不做出深刻的反省。

自从19世纪德国教育家洪堡提出了高等教育的教学与科研相统一的原则后，西方高等教育界才如梦初醒，纷起响应。高等教育的这一变革很快得到了社会的认可，它不仅让高等教育的发展更加繁荣，而且缩小了高等学校与社会的距离。今天，我们再次回味洪堡的倡导，在称赞其远见卓识的同时，我们不得不承认，是洪堡首先揭示了高等教育的另一本质，高等教育不仅是高深学问的教与学，而且还有对高深学问的探究。如此，今天我们所讨论的高等教育的本质问题，是否就是全面认识？是否就认识到位？远远不是。教育在发展，认识在深化，也许就在明天，有人又提出了新的观点、新的认识，从而把高等教育的本质研究推向更新更高的层次。

第三节　高等教育的属性

上节已述，属性是属于事物表现出来的特性，有本质属性和非本质属性之分。高等教育的本质又表现出哪些特性呢？首先我们从高等教育的基本概念入手，高等教育是对特定的人群在高深知识层面施加某种影响的活动，或者说高等教育是和人发生关系，对人产生作用，在这一点上和所有类型的教育一样，毋庸讳言。既然高等教育和其他教育存有共同点，那么它们也必然存在着某种共同的属性，从其作用对象和共同点出发，我们认为人本性是所有教育包括高等教育在内的共同属性。但是高等教育既然能够独立于普通教育之外，自然有其独特的本质，这一本质所表现出来的属性就是学术性。

一、高等教育具有人本性

高等教育具有人本性是从教育的人本性引申而来的。教育属性的相同点，往往是由教育对象的共同点所决定的。

让我们先从教育的人本性来分析。教育的人本性意指教育要以人为本，一切从人的利益出发，一切从人的发展需要出发。教育的人本性源自教育的目的性。自人类产生有目的的活动开始，人类的一切活动都指向一个共同的目的：生存和发展。区别仅在于这些活动距离这个目的的程度不同而已，如发展医学是为了更好地生存，科学研究是为了更好地发展，劳动是为了生存，甚至战争在某种意义上也是为了生存———部分人为了自己的生存而剥夺了另一部分人的生存权利。教育则是距离这一目标最近、形式最文明、最受人类欢迎的一种形式。

教育，是对人施加影响的社会活动，而且是施加一种善意影响的活动，其最原始、最朴素的目的就是让人变得更加聪慧、更加善美。所以教育以对人施加善意影响为始点，以人变得尽善尽美为终点（最理想的状态），它始终是以改变人、完善人为目的的，教育这一本质决定了教育工作应该以人为本，也必须以人为本。然而随着社会的变化，人们对教育目的意义的解读却出现了不少的偏差，伴随着各种理论的出现和漂亮的说辞，教育那最原始、最朴素的目标正在逐渐被亵渎、被异化，历史上各种名目的说教曾不同程度地主导了人们的视听，神本位、社会本位、政治本位、伦理本位、知识本位等理论都或多或少地对教育的人本性进行了无形的蚕食。在当今科技相当发达、物质更加丰富、人类生存条件更加优越的时代，人们却因现今的学生缺乏生活经验、道德观失衡、社会责任缺失等现象的出现而迷惑、茫然，在百思而不得其解的时候，却唯独不去审视当今教育的"原点"是否移位，教育的本能是否蜕化（或异化），教育是否还正常运行在它本该运行的轨道上。

教育作为一种社会活动，只对人（受教育者）产生作用，亦即只对受教育者的道德、人格、智力、态度等的发展产生影响。因此，教育与人之间是一种直接的影响关系，它与社会只是某种间接的关系，二者之间需要通过受到教育的人来中介、来融合。人的群体变化直接影响着社会的变化，相应社会的变化也能影响到人的变化，但是这种变化的顺序以人的影响在先、以人的影响为主，并非社会的影响在先，是人主宰了社会的发展与变化。所以有关教育的意义与功能正如有学者指出的那样，"在教育的意义和功能问题上，我们提出两个可能的解释方案：其一，教育只有一个功能，即影响人的功能，教育者寄希望于教育的只是促进人的发展，促进人的更多的成长；其二，如果认可教育具有多种功能，那么影响人则是其第一位的功能，而诸种社会功能只能是其第二位的功能"。

由此，我们可以理解教育的人本属性所在，这是教育最本质、最原始、最永恒的属性。而对于高等教育，培养人的功能仍然是首位，也就是说，大学教育同样也具有以人为本的属性，但是，它要关注、促进受教育者身心的发展，特别是在某一领域内的健康发展，它以探究和传授高深知识为手段，力求增加人的（高深）知识，改善人的认识结构，丰富人的聪明智慧，从而提升受教育者做人做事的能力，使其更好地适应社会、适应未来、和谐自然。高等教育以人为本的属性，又有更多更深的内涵，它包括以学生为本和以教师为本。以学生为本的理由，在理论上除了以上所述外，在现实层面也得到了世界诸多教育家和大学校长们的首肯。19世纪英国著名教育家纽曼在《大学的理想》中说"大学……指学生而言"，大学为学生而设；20世纪西班牙著名思想家加赛特在《大学的使命》中指出"时代本身和当前全世界的教育现状正在再次迫使把学生放在中心地位——为学生服务"；英国牛津大学副校长卢卡斯认为，大学从事的是人的工作，大学首先应该是培养高素质人才的场所；美国斯坦福大学前校长肯尼迪断言"在社会对当代大学的许多期望中，最重要的就是大学能够教好学生"，"对学生负责是大学的主要使命"。教育家们的认同和教育实践的印证形成了对高等教育的人本属性的有力支撑。

以教师为本，这是构成高等教育人本属性的另一侧面。教师，是塑造人类灵魂的工程师，在大学里，教师的作用已不仅仅单一地体现在此方面，教师的作用更多地体现在大学资源的概念上，即教师既是大学的教育资源，又是大学的科学研究资源。作为教育资源，他们承担着为社会培养高级专门人才的重任，由于他们的精心培养，社会上才出现了更多的科学家、政治家、哲学家等名人名家（当然，大学并不是培养的唯一途径），教师是大学育人使命的直接完成者，没有他们的存在，高等教育就成为一句空话。他们为大学与社会之间构筑了一条高级人才的输送带，使大学成为社会高级人力资源的后方与发源地。另外，作为大学的科学研究资源（这是相对于高等教育的探究高深学问的本质特征而言），教师承担着发展科学和传承科学的双重任务。从发展科学的角度看，教师有着与社会研究机构人员相同的要求与责任，发展科学、永攀高峰，是对大学教师的要求，同样也是大学教师奋斗的目标，但是，大学开展科学研究还有传承科学知识的目的，大学培育的是高级专门人才，传授的是高深学问，而高深学问不能凭空出现在书本里和课堂上，是首先经过教师的探究、发现、整理、消化等一系列复杂的劳动，最终才能传授给学生。因此说教师工作辛苦、教师工作伟大、教师工作高尚，这些褒扬其实都有它实际的含义。是教师撑起了高等教育的天地，"大学教师，是大学变迁的核心力量，是大学的心脏和灵魂，其职责对大学的健康发展至关重要"。清华大学的梅贻琦校长也曾指出："一个学校之所以成为大学，全在于有没有好的教授。"可见教师对于一所大学之重要。所以高等教育以人为本的属性，既表现在以学生为本，还表现在以教师为本，二者相互支持，不可偏废。

二、高等教育具有学术属性

如果说人本性是高等教育之所以归属于教育范畴的原因所在，学术性则是高等教育之所以区别于一般教育的原因所在。

高等教育的学术属性是指高等教育具有从事学术工作的性质，那么，哪些工作属于学术，学术的内涵又如何？这里，首先要理清对"学术"概念的理解，《现代汉语词典》对学术的解释是"有系统的、较专门的学问"。《朗文当代英语词典》中指出学术的四层含义，一是指教师和用学术方法观察事情的人；二是指学院或大学教育；三是指结合学科教学发展思想；四是认为学术是理论性的，不涉及实际操作。也有学者认为学术是指在不同场所进行各种不同的创造性工作，其完整性的标准是思维、交流和研究的能力，也有学者指出学术是与知识相联系的概念，是人类对自然、社会及人类自身真谛的探求与认识，它既指知识活动的过程，也指知识活动的结果。与一般所说的知识相比，学术具有三个特点：一是学术是一种普遍的知识，只有揭示普遍意义的知识才是一种学术；二是学术是理性的而非感性的，只有出自人们理性思考的，并具有一定的系统性理论的知识才是学术；三是学术是高深的知识而非常识性的知识，是人类在不同时代认识客观世界所达到的最高程度。上述理解与阐释，尽管各有特点，但其却有一个共同的指向，即学术是指对某种专门知识的探究，且这种专门知识具有未知性和高深性。作为高等教育的代表机构，大学正是以高级专门人才培养为目标，以高深学问为内容与中介进行学术活动，创造学术成果的机构。换言之，高等教育的主体活动正是一种学术活动。伯顿·克拉克认为，大学正是以人才培养为内容与中介进行学术活动、创造学术成果的机构。大学作为一个传授知识、创新知识、用知识服务社会的场所，知识是其赖以存在和运行的基本材料，对知识的不同操作方式形成大学的各种社会职能，代表特定知识领域的学科构成大学的基本单元和组织细胞。克拉克还认为，高等教育系统是由生产知识的群体构成的学术组织，以高深知识为核心是高等教育系统的本质特征。知识是包含在高等教育系统活动之中的共同要素：科研创造它；学术工作保存、提炼和完善它；教学和服务传播它。自高等教育产生以来，处理各门高深知识就是高等教育的主要任务，并一直是各国高等教育的共同领域。对当代高等教育颇有研究的朱九思先生也曾在谈及他的大学观时指出，大学是研究高深学问和培养高级专门人才的场所，大学的根本特征可以概括为两个字——"学术"。

人本性与学术性是高等教育最基本最普遍的属性。当然，人们在高等教育本质属性上的上层建筑论、生产力论和多质论等，对于高等教育也确实存在，但是它们更多地表现在不同的侧面，只是从高等教育的某些方面揭示了高等教育的某个或某些属性，并非高等教育的本质属性，这些属性往往表现出很强的局部性和时代性。换个角度来考察，或者脱离了当时的时代，也许就失去了普适性。如生产力说，这种观点认为教育是劳动力再生产的手段，因而是社会再生产的必要条件，是社会发展和延续的手段。从现代生产本性考察，它是以科学技术为基础的生产，从事这种生产的劳动者，必须要掌握生产知识和技术，教育只不过是把生产过程分离出去的一个独立的因素，因而可以把教育看作是社会生产力。这样的解释是没错的，但它却很难对文、史、哲类高等教育做出满意的解释。又如教育的阶级属性问题，在当代看，确实存在，但是众所周知，社会阶级的产生要滞后于教育的产生，在阶级产生之前，教育的阶级性从何体现？而且随着社会的发展，阶级最终走向灭亡（共产主义），但教育是与人类共生存的，此时的阶级性又该如何体现？可见非本质属性一般能够随着情况的变化而变化，本质属性却只能与事物的本质共存亡。因此本章我们所讨论的高等教育的本质与属性，仅是更普遍意义上的讨论，对于其他已有的观点，我们不再展开探讨。

第四章　高等教育的目的与功能

第一节　高等教育的目的

一、高等教育目的的内涵

目的是人在活动前的预先观念存在于头脑中的结果。人的每一项活动，自始至终都有一个自觉的目的驱使和支配，作为一种特殊社会活动的高等教育也不例外。可以这样理解，高等教育的目的是指人们在活动前于头脑中对高等教育活动结果的一种预见和构想。由于高等教育是完全中等教育基础上的专业教育，高等教育的目的，具体而言是指把接受过完全中等教育的人培养成为一定社会所需要的高级专门人才，它规定了所要培养的人才的基本规格和质量要求。

高等教育的目的是高等教育理论体系中的关键问题之一，是整个高等教育工作的核心，也是高等教育活动的出发点和归宿。它明确了高等教育未来的发展方向和预定的发展结果，指导着整个高等教育具有活力的开展，支配着高等教育工作的各个方面和全过程。无论是高等教育政策的制定、高等教育制度的建立，还是高等教育内容的确定、方法的选择和效果的评价等，都必须受到高等教育目的的制约。

我们说高等教育的目的是一个重要的理论问题，还源于其本身存在一些悬而未决的课题，存在一些表面看来似乎不证自明，而实际尚值得推敲的提法。时至今日，高等教育的目的尚未有一个精确的定义，人们习惯于用一个具体的表述即高等教育培养什么样的人才来代替高等教育的目的，但并没有认真区分所研究的究竟是"谁的教育目的"。从逻辑上讲，高等教育主体由教育行政管理者、举办者、办学者、教育者和受教育者组成。那么，"实然的"高等教育目的就应该有五种表现。基于我们国家的特殊情况，如主体成分很大程度上的同一性，我们所讲的高等教育的目的指的也就是国家的"意之所趋"，而高等教育目的研究的基本走向应该是既重视"自然的"高等教育目的，也不应漠视"实然的"高等教育目的。

高等教育目的与高等学校培养目标。教育目的是高等教育工作遵循的总方向，但它代替不了高等学校对所培养的人的特殊要求。各级各类高等学校培养的人的特殊要求，我们习惯上称为培养目标，它是由社会领域（如教育工作领域、医疗卫生工作领域、工业生产领域和农业生产领域等）和特定的职业层次的需要决定的。因此，高等学校的培养目标最终是以专业的培养目标体现出来的。高等教育目的与高等学校培养目标之间是抽象与具体的关系。高等教育目的是对所有接受高等教育者提出的较为概括和抽象的要求，可理解为一种教育意志、教育理想，而高等学校培养目标是围绕高等教育目的展开的针对特定的对象的具体、明确的规定。故"目的与目标根本不同。你能测量目标，但不能测量目的。一个最后的目的是一种哲学力量，它是我们行动的先验的本质"。

二、高等教育目的的作用

目的是一种引导和推动人们在实践中改造世界、改造社会的精神性动力。目的为实践指明方向，使实践带有自觉性；实践将目的付诸实现，使目的具有客观现实性。目的与实践的关系表现为：一个具体的目的是人们实践活动的起点，并体现于实践活动的全过程和归宿中。因此，高等教育目的是高等教育实践活动的起点和归宿，同时贯穿于高等教育活动的全过程。高等教育目的的作用主要表现在以下方面：

（一）导向作用

高等教育目的一经确立，就成为人们行动的方向。它不仅为受教育者指明了发展方向，预定了发展结果，也为教育者指明了工作方向和奋斗目标。因此，高等教育目的无论是对教育者还是对受教育者都具有目标导向作用。它能使人们按照目标的要求控制自己行为的方向，修正偏离目标的行为，抑制不属于目标的行为。同时，就人的行动方式而言，既有个体的单独活动，也有群体的共同活动，高等教育目的是将个体聚合起来形成群体共同活动的根本因素。正因为有了目的的导向作用，才有了群体的共同活动。

（二）调控作用

高等教育目的一经确立，对整个高等教育活动的全过程具有调控作用。从宏观上说，它对高等教育改革、高等教育规划、高等教育结构和高等教育政策制定，具有支配、调控方面的作用。从微观上看，它对实际教育教学过程中各种要素的组合，如教育计划的制订、教育内容的选择、教育手段和教育技术的运用，也具有支配和调控的功能。同时，它对受教育者的成长和发展也具有控制作用，使之按预定的培养过程向着目标发展。

（三）评价作用

高等教育目的是衡量和评价高等教育实施效果的根本依据和标准。评价高等学校的办学方向、办学水平和办学效益，检查教育教学工作的质量，评价教师的教学质量和工作效果，检查学生的学习质量和发展程度等工作，都必须以高等教育目的为根本标准和依据，有针对性地进行。同时，高等教育目的还起着一种"准价值体系"的作用，可以借助高等教育目的去判断高等教育实践活动的社会价值。

（四）激励作用

目的反映人的需要和动机，是人们在一起共同活动的基础。因此，共同的目的一旦被人们认识和接受，不仅能指导整个实践活动过程，而且能够激励人们为实现共同的目标而努力。高等教育目的也是这样，一旦教育者和受教育者认识到我国的高等教育目的，并自觉接受它的指导，那么在高等教育活动中就会以更强烈的责任感、更充沛的干劲、更饱满的热情、更有效的相互合作来实现高等教育的目标。

三、有关高等教育目的的诸学说

高等教育的核心是人才培养，所以，关于人的素质及其形成是高等教育目的的理论基础。综观人的素质的探讨，以下诸种学说甚有影响。

（一）人文主义的高等教育目的论

人文主义教育目的论从古希腊至今，经历了兴盛、衰落、复兴等发展历程。人文主义教育目的论的哲学基础是人性不变的哲学观，认为人性是美好的，而且是永恒不变的，因而教育目的也是永恒不变的，教育的本质和根本目的就是培养人性。永恒不变的人性在于人的理性，教育的最高目的就是培养和发展人的理性。这一流派认为个人价值是首位的，因而个人的教育目的高于社会的教育目的，教育首先要为个人发展服务，其次才是为社会发展服务。并且，个人的自我实现是教育目的的首要追求。具体而言，富有理性和人性的人，就是真、善、美三位一体的"完美的人"。教育就是要使人性中的这种真、善、美得以保存和发展。其中，道德的养成被看作是第一位的，是个人美满生活和人类社会最珍贵的东西。在人文主义教育者的眼中，普通教育和英才教育是必需的，而且是最主要的培养模式。而职业教育和专业教育虽然不可少，但只是次要的。

人文主义教育目的论在 20 世纪逐渐由兴盛走向衰落，如今又得以复兴。其中复杂的社会原因绝非三言两语所能说清，但它的发展历程证明了一点，在教育目的体系中确实存在一个终极目的。"我们不要忘记文艺复兴时期和启蒙时期的哲学在改造教育方面所起的有益作用，尤其应牢记古希腊珍贵的榜样。正如卡尔·马克思所指出的，在古希腊，一种作为强烈和持久向往之目标的理想在生理和精神上成功地塑造了人类。无论如何，教育活动和教育机构只有遵循着一个最高目的才有存在的理由。"为了达到完善人格这一教育目的，许多国家都做出了不懈努力。

人文主义教育目的论在高等教育中的实践是最为活跃的。博伊认为，学生不应该局限于太狭窄、太技术化的知识，他们必须深刻理解他们所要从事的专业和社会伦理意义。因此，"教学内容不应当仅仅局限于学科范围本身，还要在课堂上体现出人文主义的教育精神"。"专业化必须建筑于跨学科的广阔基础上，因为在当今的技术社会中，解决问题要求人们具有宽阔的视野。"现代社会，科学的功能日益扩大，科学技术不断取得突破性进展，科技的力量越强大，人类面临的道德问题越尖锐，因此，人文主义的价值导向作用越不能削弱。博伊还指出："大学生学习的质量最终要根据毕业生是否愿意为社会和公民服务来衡量……最终来说，学生必须具有更广阔的视野，运用他们已获得的知识发现典型范例，形成价值观，推动人类共同利益的发展，本科生教学的最高目的是促进学生从具有能力到承担责任。"这就是人文主义在当代的新发展。

（二）社会本位的高等教育目的论

社会本位的高等教育目的论强调社会对高等教育的制约作用，主张根据社会的需要确定高等教育目的和高等教育活动。以孔德和涂尔干等为代表的"社会学派"认为教育的一切都应服从和服务于社会。孔德认为："真正的个人是不存在的，只有人类才存在，因为不管从哪方面看，我们个人的一切发展都有赖于社会。"涂尔干也认为无论在哪里，教育首先要满足社会的需要，个体各方面的发展都依赖于社会、受制于社会，教育在使他们得到发展时，初看起来似乎一向是迎合个体的本性、自身发展的需要。有学者对社会本位论的代表人物的主要论点进行了总结，德国纳托尔普认为："在教育目的的决定方面，个人不具任何的价值；个人不过是教育的原料；个人不是教育的目的。……教育的目的只是社会化，因为社会化而使一个民族的整个生活道德化。"美国胡克也认为："一切社会里盛行的教育是为了一切社会目的服务的。不管这个事实是令人惋惜的还是令人称赞的。"

社会本位的教育目的论强调社会需要，在此基础上发展成为国家主义的教育目的观，即视国家利益高于一切，把为国家服务作为教育的最高目标。如曾任日本教育大臣的森有礼就宣称：诸学校要自始至终地牢记，学校不是为了学生，而是为了国家。美国在20世纪初到"二战"期间，其教育目的观也或多或少有从个人本位向社会本位转移的迹象。

长期以来我国的高等教育目的观是社会本位的，并且这种社会本位的表现偏重于高等教育维护社会政治统治方面，而对其发展社会生产、促进科学技术解决社会问题方面的价值未予以重视。拘泥于社会本位一元论的思维模式，因而高等教育容易沦为

"工具"。过分强调高等教育的社会发展目标而无视个体发展需要，就无法充分发挥个体的主动性、创造性，致使培养目标局限于狭窄的专业教育，培养大批"工匠"类的人才，这种人才缺乏应变能力而无法满足社会的需要。

（三）人的全面发展的高等教育目的论

1. 马克思之前的全面发展理论

关于人的全面发展的问题已是一个古老的哲学和教育学课题。对人的全面发展的向往是古代哲人思想中的显著特点。讨论人的全面发展在思想史上与讨论人的本质一样源远流长。

古希腊的雅典教育就是身心和谐思想的实践。亚里士多德提出了德、智、体和谐发展的教育主张。在教育中出现的"三艺""七艺"，其宗旨就是培养智力、道德、美感、体魄和谐发展的人。

文艺复兴运动后，在欧洲思想家眼中，人的全面发展成为一种崇高理想，特别是近代教育思想的代表人物卢梭提出身心两健、自由发展的自然人思想，使全面发展理论得以传播。卢梭心目中的自然人如爱弥尔，他身强力壮、心智发达、感情丰富，能适应各种客观条件的变化；他既不同于世俗偏见，又不是那种崇尚空谈而无实际能力的书痴；他还接受了广泛的职业技术教育，不仅能自食其力，而且精通多种技能，适应各种职业，并能担任任何职位。19世纪的空想社会主义者也十分关注人的全面发展。特别是罗伯特·欧文为此做了教育实验，在实践中开了培养全面发展新人的先河。

2. 马克思主义关于人的全面发展学说

马克思生活的时代正是资本主义走向鼎盛的时期，生产力高度发展和道德堕落并存。马克思批判地继承了上述关于人的全面发展学说特别是法国空想社会主义者关于人的全面发展思想。其学说的基本特点如下：物质生产是物质生活发展的基础，同时也是人的发展的基础；人的发展同时受到社会关系的制约；旧式分工使人畸形发展；脑力劳动和体力劳动相分离是生产力发展到一定程度的必然产物；当生产力充分发展以后，就要改变旧式分工，大大解放生产力，为人的全面发展创造物质前提和社会关系前提。马克思主张的是人的体力和脑力等各种能力的充分发展、个人能力和社会全体成员能力的统一发展，其最终目的在于解放全人类，使社会上每个人都能得到全面、充分、统一的发展。马克思主要不是从教育的角度提出和阐述人的全面发展学说的，而是把实现人的全面发展作为联结共产主义的远大目标和现实的桥梁。所以，人的全面发展学说确切地说是一种理想，是制定社会主义教育目的的一种理论基础。马克思主义关于人的全面和谐发展的思想内涵包括以下三层含义：第一层次是指人的心智的全面和谐发展，教育可以通过智育、德育和美育等不同渠道来促进个体心理素质的和谐和全面发展，以塑造出真、善、美统一的理想个性。第二层次是指人的身心全面和谐发展。这是将人的生理和心理素质统一起来把握的全面和谐发展，要把智、德、美三育同作为其物质基础的体育内在地结合起来，作为一个不可分割的有机整体来把握。第三个层次是指个体和社会的协调统一全面发展，在更广阔的社会背景中具体地、历史地把握人的全面和谐发展。

第二节　高等教育的功能

高等教育的功能是高等教育所具有的功效以及能够发挥这种功效的能力的总称，简而言之，就是回答高等教育对人类社会发展和人的发展所起的作用。高等教育是通过培养高级专门人才对社会起作用的，向社会培养高质量人才，以促进社会和人的发展，这是高等教育的主要功能。

一、高等教育的功能

高等教育对人所起的作用，也就是高等教育要促进人的身心发展。从其产生之日起至今，培养人始终是它的最基本的功能，它通过有目的、有计划和有组织的教育教学活动，通过知识的传授、能力的训练和道德品质的培养，来促进人的德、智、体美等生理和心理各方面的发展。从历史上看，尽管不同的阶级、不同的国家对培养什么样的人有不同的理解和要求，但无论是哪一时期、哪种层次、哪一类型的高等教育，也不管高等教育如何发展，培养人这一功能永远不会消失，这是它最基本的功能之一。

高等教育对社会所起的作用，也就是高等教育要促进社会的发展。高等教育作为社会的一种活动领域，对社会所起的作用是自始至终存在的，高等教育通过其特定的活动来促进社会的政治、经济、科技文化等方面的进步和发展，从而对社会起到巨大的推动作用。具体表现如下：

（一）高等教育的政治功能

高等教育是教育的最高层次，同初等教育一样，是一种人类社会的共有现象，是社会赖以生存、延续和发展的必备条件。在阶级社会中，教育具有鲜明的阶级性和政治倾向性。统治阶级通过制定教育方针、教育政策和法规以及控制教育经济投资、任免教育行政人员、规定学校的教学内容等方式，直接或间接地行使教育领导权，以确保教育为统治阶级利益服务。在我国教育史上，人们对教育政治职能的认识曾有两种错误的倾向。有一段时间有人认为教育为经济建设服务就是为政治服务，这种对教育政治功能认识的左右摇摆性，使得相当数量的大学生在政治理论上困惑和政治行为中盲目，我们要吸取这个教训。高等教育的政治功能主要表现在三个方面：

1. 使受教育者政治化

政治化是人的社会化的重要内容，通过人的政治化，使个体理解社会的政治观念，树立社会所向往的政治理想，形成维护现行政治制度的政治行为。政治化的内容是由社会的性质、政治制度所决定的。个体政治化反映在高等教育中，或者以开设政治理论课、思想教育课的形式来进行，或者在相关学科中渗透有关的政治教育、公民教育的内容，以形成受教育者相应的政治意识和政治理念。在许多国家的高等教育中，越来越重视通识教育，通识教育的目的是使学生在具备专业知识技能的同时具有相应的政治、文化、科学素养。如20世纪80年代，美国哈佛大学通识教育的核心课程包括六大类：文学与艺术、科学、历史研究、社会分析、道德思考、外国文化，其目的是培养出有教养的美国人。有教养的美国人不仅要有人文、科学知识素养，还要了解思考社会问题、道德伦理问题，并能做出智慧的判断。

2. 培养政治领袖及专门政治、法律人才

任何统治阶级都要为本阶级培养和选拔统治人才，从而巩固其统治地位。自古以来，各个社会的统治人才在很大程度上是通过学校造就的。中国长期以来就有"学而优则仕"的传统，许多朝代更是设立官学培养统治阶级所需要的统治人才。在近代，科学文化的发展、政治经济活动的日趋复杂，需要较高科学文化知识和领导才能的统治人才，这些人才更有赖于学校的培养。当代，科学的社会化、社会的科学化、促使科学技术全面渗透到社会的各个领域，对统治人才的要求更加突出，并出现了"专家政治""技术官僚"的潮流，为此各国更加重视统治人才的培养。现代社会的国家统治人才一般都要通过高等教育来培养，例如美国的哈佛、耶鲁大学，英国的牛津、剑桥大学，法国的巴黎高师，日本的东京、早稻田大学等就以培养高层次统治人才而闻名。在我国，随着社会主义现代化建设事业的发展，国家对各级领导干部的科学文化知识要求越来越高，高等学校也承担了培养具有高学历、能坚持四项基本原则、全心全意为人民服务的各级管理干部的任务。

3. 促进政治的民主化

教育与政治的关系错综复杂，政治制约着教育，教育同时反作用于政治。从历史发展的进程来看，教育与政治关系的一个核心问题是民主问题，一方面政治上的民主权利在教育领域得以扩展与延伸，另一方面教育领域的民主化进程又进一步推动了政治的民主化。目前教育民主化已成为全球教育系统演变的一个基本趋势，这一趋势包括了两个方面：教育平等与教育参与。

高等教育平等作为许多国家重要的政策被赋予了特别重要的政治意义，如"民主主义学派"的教育平等观认为"个人自由"是人类的最高政治理念，而教育平等是实现个人自由与社会民主的基本途径，当然这种自由仍然是基于"资本"和"财富"的自由。"技术绩效主义"的教育平等观则把社会不平等归结为个体的竞争能力，因为高等教育的大众化可以为个体提供各种发展机会，进而促进经济和社会的平等，推动政治的民主化。当然这种把不平等根源归结于个体竞争力的观念并没有触及政治经济制度。

高等教育的参与也与教育民主化紧密联系在一起。高校办学过程与管理过程的民主在很大意义上是让广大师生直接参与学校的决策与管理，这也是学校政治教育和培养学生政治民主素质的一个重要方面。政治民主化的发展需要有政治民主意识的公民，政治参与的实施需要具有政治参与感与实际参与能力的公民，因此高等教育的民主参与对社会政治民主化具有促进作用。

（二）高等教育的经济功能

"经济"有以下含义：一是指与一定社会生产力相适应的生产关系，即经济基础或经济制度；二是指物质生产；三是指一个国家国民经济的总称或国民经济各部门；四是指日常生活中的节约、节省等。这里的经济功能主要指第二种含义上的促进社会生产发展的功能。高等教育的生产力属性，使它产生了促进社会生产力发展的经济功能。

其一，高等教育担负着劳动力再生产的任务，为生产发展提供专门人才支持。人作为劳动力是生产中最活跃的因素，而劳动力的素质直接关系到生产的效率和发展进程；一个人（或劳动力）在生产中发挥的作用如何，同他们的智力和体力的发展是密切相关的。劳动者素质的提高、智力和体力的发展，主要靠教育的培养和训练。由于教育提高了个人执行规范、学会完成新任务的能力，提高了个人与他人交流与协调行动的能力，提高了运用新技术和采取新行动的能力，从而对经济发展、经济增长和生产率的提高产生直接或间接的作用。

人们普遍认为，经济繁荣与教育昌盛有着十分密切的关系，这促使人们对教育的经济功能做比较深入系统的研究，促成一门新学科——教育经济学的兴起。20世纪以来，对教育的经济功能的研究进入了量化阶段。其代表作为：20世纪30年代美国沃尔什（J.R.Walsh）发表的《人力资本观》，20世纪60年代初诺贝尔经济资金获得者芝加哥大学舒尔茨写成的《教育与经济增长》，在他就任美国经济协会主席时发表的《人力资本论》演说，1964年贝克出版的《人力资本》一书。这些著作的核心，是把经济学中的"资本"的含义扩大到人力方面，他们把教育和训练所需要的费用看作一种人力投资，通过学习而获得的知识和技能是一种资本。教育的投资多少，对个人来说，是以后获得高学历、高工资的决定因素；对国家而言，是提高生产率、经济效益和增加国民收入的来源。这种人力投资的收入比对资本进行投资的收入增长快并且有持久性。根据这一理论，许多学者做了大量计算，发现美国1900—1959年教育投资所得到的经济增长是7.5倍，而物质的投资增长了3.5倍，教育投资的收益在劳动收入增长中的比重为70%，物质在国民经济增长中所起的作用是30%左右。高等教育是完成中等教育后的专业教育，是向大学生传授新技术和新知识，训练他们的高层次技能，对他们的知识能力和素质起塑造定型作用的教育，因而这种经济功能越发显著。

其二，作为科学技术再生产的手段和途径，高等教育比基础教育更重要更直接。科学技术是第一生产力，科技进步因素在国民生产总值增长中的比重，20世纪80年代发达国家已达60%～80%。20世纪初，在生产发展中外延粗放因素（劳动力、资本）占75%，内涵集约因素（技术、技能和管理）占25%，到20世纪60年代，这两种因素作用的比重则颠倒过来。如果说科学技术对生产力的作用可以用"生产力=（劳动者＋劳动资料＋劳动对象）×科学技术"的关系来表达，那么，高新技术对生产力发展的作用就可以用这样的公式表达："生产力=（劳动者＋劳动资料＋劳动对象）高新技术"。然而，作为知识形态的高新技术，一方面其相当一部分由高等教育领域直接供给；另一方面所有的高新技术只是一种潜在的生产力，它只有被劳动者所掌握并运用于生产实践，才能转化为现实生产力。这种转化，只能依靠教育特别是高等教育，别无他途。高等教育通过培养各种专业人才，通过高等学校提供的科学技术成果和直接为经济服务的各种活动来实现自己的经济功能。大量事实证明，受教育的程度越高，掌握科学技术的深度越深、广度越广，推动科学技术和生产力发展的作用也就越大。高等教育在现代化生产中的作用也就越来越重要。

其三，高等教育促进经济结构的调整和完善。从总体上说，高等教育结构的发展变化、调整改革受到经济结构的制约，但同时高等教育结构一经形成又对经济结构产生巨大影响，促进经济结构的完善和发展。高等教育结构对经济结构的影响主要是通过一定的专门人才的结构来实现的。

一定的高等教育结构形成一定的专门人才结构。专门人才的结构是指国民经济各部门、各行业中高级专门人才的数量、质量及分布的比例关系。高级专门人才源于高等教育的培养，因此高教结构直接影响着专门人才结构的形成并最终作用于经济结构。首先，高教层次结构影响着专门人才技术水平结构的形成；其次，高等教育科类结构影响着专门人才岗位类型和专业结构的形成，科类结构失调的结果会导致专业不对口；再次，高等教育的地区结构影响着专门人才的区域分布。

合理的高等教育结构是解决高层次人才结构性就业问题的基本途径。结构性就业问题是指由于经济结构与劳动力结构方面特点而形成的工作岗位与劳动者科学文化技术水平不相适应的问题。该问题的解决取决于劳动力结构——不同文化技术水平、不同专业类型、不同地区劳动力在总体劳动力中的比例——与经济结构变化是否适应，取决于专门人才本身在文化技术方面是否符合经济发展的要求。而劳动力结构、专门人才结构的变化只能通过发展教育事业来解决。

(三) 高等教育的文化功能

"文化"有广义、狭义之分。广义的文化指人类在社会历史发展过程中所创造的物质财富和精神财富的总和，是相对于自然界而言的。狭义的文化指精神财富，包括人类所创造的科学、艺术、政治、法律、道德、宗教、哲学、教育等。在此，"文化"一词从狭义的角度使用。

1. 高等教育具有选择、传递、保存文化的功能

人类文化的延续方式是多种多样的，但教育从一开始就是人类文化传递和保存的重要途径，是主要渠道。随着社会科技文化的发展，在现代社会里，文化品种及总量迅猛增长，人类文化已成为一个浩瀚无比的宝库。如何选择、整理、传递和保存优秀的文化，其重要性日益突出和迫切，这就要通过学校教育，尤其是高等教育对文化的过滤、加工、重组，使其中对人类发展有价值的东西得到高质量和高效率地保存和传递，以使人类文化的精华得以代代相传。

2. 高等教育具有创新和发展文化的功能

随着社会生产力的发展和生产关系的变革，与新的社会生产力和生产关系不相适应的传统文化中陈旧落后的东西需要摒弃，而相应地要创造形成和社会生产力发展水平与生产关系变革进程相适应的新的文化思想，而这一过程的实现，高等教育发挥着极其重要的作用。

首先，文化是社会精神生产的产物，而高等学校是社会上从事精神生产最重要的部门之一。高等学校的学术研究领域可以囊括整个文化的研究对象，如哲学、政治学、法学、伦理学、经济学、人类学、教育学、科学、技术等等。这些领域的成果不断通过教学、出版等形式向社会传播，丰富和发展已有的人类文化。

其次，高等教育具有吸收、融合各种文化的功能。高等教育是国际学术文化交流的最主要领域，特别是当代，国际的高等教育交流日益频繁，大量的人员交流、情报资料交流、学术会议交流等形式为各种文化的相互理解、相互吸取、相互融合提供了条件。高等教育通过对外开放，在国际学术文化交流的过程中，选择、引进优秀的外来文化，把其积极因素融合到自己民族的文化中，从而促进世界各民族优秀文化在高层次上的相互撞击与启发，创造出更符合本国国情的新文化。概言之，高等教育的传递、选择、发展创新文化的功能，曾对人类社会发展、人类文明进步做出过重要贡献；并且在今天和将来主要以知识和智力为基础的社会里，高等教育的文化功能会更为突出。

最后，高等教育在培养人才方面，都比较注重学生科学文化素养的教育，培养学生对已有文化批判性思考的能力和创造新文化的能力，这是实现学校更新文化功能的最根本的方面。

需要注意的是，高等教育促进人的发展和促进社会的发展这两个基本的功能是相

互联系和统一的。因为，从根本上说，人的发展和社会的发展是统一的，人是一定社会的人，人不能超越社会，人的价值体现于社会价值之中，人的发展要在社会的发展中实现。而社会又是由人组成的，社会的发展归根结底取决于作为个体和群体的人的素质的提高，其发展的最终目的也是满足人的物质的和精神的需要。高等教育作为人与社会之间的中介，其功能就在于根据社会的需要，促进人的发展，并通过培养人来促进社会的发展。换言之，高等教育为促进社会的发展，就必须满足人的自身发展的需要，高等教育要促进人的发展，同样必须满足社会发展的需要，两者是统一的。针对教育实践中所存在的"个人本位"和"社会本位"的争论，也就是高等教育是以促进人的发展为主还是以促进社会发展为主的争论，高等教育工作者在实际工作中要善于协调它们之间的关系。因为，两者之间并无根本上的矛盾，高等教育的这两个基本功能在本质上是相互联系和统一的。

二、高等学校的职能

高等教育功能的实现有赖于高等学校作用的有效发挥。高等学校的作用就是高等学校的职能。高等学校的职能是高等教育功能的具体体现，是把高等学校作为一种机构并针对外部环境而言的。社会实践表明，社会根据自己的需要产生多种机构，并赋予其相应职能。当社会的需求与机构自身的逻辑（本质）相吻合时，这种机构就能生存下去并可以充分发挥作用。今天常说的高等学校培养人才、发展科学、为社会服务的三大职能就是经过历史的沉淀和印证后的高等学校最具有生命力的职能。

（一）大学职能的演变历史

中世纪大学产生之后到19世纪初，一直沿着培养人才这一办学方向缓慢发展。文艺复兴以后，虽然神学的地位受到人文主义的挑战，但科学家并没有在大学中找到自己的位置。由于大学的保守，正在兴起的自然科学没有与大学联姻，科学家或在自己的实验室里，或在沙龙、书信中讨论科学问题。在科学世纪到来的最初两个世纪（17、18世纪），大学仍没有摆脱中世纪大学单一职能的影响，新的科学知识不能进入大学，大学课程没有根本变化，科学研究工作在大学中没能取得地位，除保存和传递传统的知识外，大学没有把科学研究作为自己的职能。因此，这一时期被称为欧洲高等教育的"黑暗时代"。直到19世纪初，德国柏林大学的诞生才宣告这一黑暗时代的结束。1810年，洪堡以新人文主义思想指导建立柏林大学，柏林大学把培养学者和学术发展看成自身的目的，从而确立了大学发展科学的职能，提出了"大学自治与学术自由""教学与科研相统一"的原则。德国大学在以下方面突破了传统大学的模式：

（1）强调科学研究是大学职能的一个关键组成部分，大学要加强基础科学研究。

（2）建立起与新的、正在出现的学科领域相一致的、以研究所和讲座为中心的大学体制，并赋予讲座主任以空前的权力和荣誉以适应教学与科研相结合的原则。

（3）国家投资大学，大学教师成为国家文职人员。

（4）大学强调学术自由。

柏林大学的创立把学术研究引入大学，大学活动的范围扩大了，大学的职能随之发生了变化，大学至此开始具有了第二种职能——发展科学的职能。德国大学的改革及发展科学职能在大学的确立不仅使德国大学成为德国科学的中心，而且使世界科学的中心随之转移到了德国。德国大学的改革也为19世纪后世界高等教育的发展指出了一个新的方向，德国大学成为各国学者心目中的"麦加"，许多想进一步深造的青年学者纷纷前往德国学习。如在1814—1914年的百年间，美国就有上万名青年在德国大学学习过，19世纪后半期美国现代高等教育制度的奠基者、学术界巨人、高等教育改革的先驱很多都有在德国大学学习的经历，他们把德国大学的经验带回美国，并对美国大学进行改造，从而奠定了美国高等教育在世界上的地位。同时，德国大学的改革也对德国社会的政治经济文化的发展做出了重大贡献，使德国迅速发展为发达的资本主义国家。

德国大学的改革不仅影响了其他欧洲国家的大学的发展，也波及了大洋彼岸的美国大学。美国许多大学的学者对德国大学教授追求真理、尊重逻辑思维的治学态度推崇不已，把学习德国大学开展科学研究的做法看成是自己的重大使命，并按照德国大学的模式改造美国大学，最典型的就是霍普金斯大学，其创办的目标就是建立一所德国模式的大学。最终美国大学确立了科学研究在大学中的地位，并使大学发展成为国家基础研究的中心。但美国并没有照搬德国大学的传统，德国大学强调科学研究，其特点是培养具有高级抽象思维能力的学者，学术自身的发展便是大学的科研目的，因此只研究理论不注重实际，把纯学术学科看得至高无上，把培养思辨能力看得至高无上，把脱离社会实际的职业看得至高无上。大学要培养法学家而非法官，故不与法院联系；要培养医学家而非医生，故不附设临床医院。这样大学走向了社会的边缘，成为"象牙之塔"，德国大学的这种传统与美国的实用主义精神是格格不入的。因此，美国大学在营造德国大学式的学术研究氛围的同时，亦将美国人的"求实精神"注入了大学的办学思想与办学实践之中，形成了美国大学的独特风格，并引发了大学的第三职能的发展。

1862年，美国总统林肯签署了著名的《莫里尔法案》。《莫里尔法案》规定：联邦政府按1860年分配的名额，每州凡有国会议员1人可获得3万英亩的公共土地或相等的土地期票，赠予各州作为建立一所从事农业和机械工程教育的学院的经费资助，并要求所建立的农业和机械工程学院的主要课程应依照各州议会所分别规定的方式，授予农业和机械专业有关的知识。绝大多数州按法案要求相继建立起农业和机械工程学院，也有的州把赠地用于改造老大学，在其中开展农业、机械教育。所有这些学院在美国历史上统称为"赠地学院"。到1922年,美国共新建和改建了69所赠地学院,其中具有典型意义的是康乃尔大学的建立和威斯康星思想的提出。

康乃尔大学是赠地学院运动中诞生的一所著名大学,其办学思想是大学向所有人开放,向所有学科领域开放。为体现这一思想,康乃尔大学提出了"适用于所有目标"的课程计划,开出了从旅馆管理到数理逻辑的上万门课程。康乃尔大学还提出在大学中没有等级制度,课程向所有学生开放,优秀的学生可获得奖学金资助进一步深造,各种学科和课程一律平等,具有同样的地位和威望。

威斯康星大学是另一所在美国高等教育史上占有重要地位的赠地学院,以"威斯康星思想"而著名。威斯康星思想明确地把服务社会作为大学的重要职能,提出大学的基本任务是:第一,把学生培养成有知识、能工作的公民;第二,进行科学研究,发展创造新文化、新知识;第三,传播知识给广大民众,使之能用这些知识解决经济、生产、社会、政治及生活方面的问题。大学为社会服务的基本途径如下:第一,传播知识、推广技术、提供信息。威斯康星大学专门成立了一个知识推广部,设立函授、学术讲座、辩论与公开研讨、提供信息与福利四个服务项目,建立了一个流动图书馆,把知识和书籍送往全州。第二,专家服务。发动大学教授服务于州政府,参与决策与管理工作,发动大学专家做巡回教师,到农村、工厂指导工作。

《莫里尔法案》的颁布、赠地学院的建立给美国高等教育带来了一场革命,并使美国高等教育逐步发展成世界高等教育的范例。①打破了美国高校封闭的体制,大学也向工农子女、中产阶级子女打开了大门,在大学与社会之间建立了更为密切的联系,高校为社会服务成为第三个职能。② 在学术性科目之外确立了应用科学研究及农业、工艺学科在大学中的地位,农学院、工程学院成为大学的有机组成部分,大学向更加综合化、多科化方向发展。③ 开了联邦政府资助高等学校的先例,同时使州政府对高校的财政拨款制度化,推动了州立大学的发展。至此,大学跳出了"象牙之塔",开始了与社会各个领域的全面合作,大学成了社会生活的"中心"。

(二)现代大学的职能体系

从大学职能的变化中我们可以看出,大学从最初培养专门人才的单一职能到发展科学、服务社会的多重职能,其间的变化经历了一个漫长的历史过程。如果说发展科学、服务社会在第二次世界大战之前还是少数国家或少数大学的职能的话,那么第二次世界大战后,随着科学技术的迅猛发展、经济水平的不断提高,高等教育也获得了前所未有的发展。大学在社会经济生活与国家发展中的重要作用也日益为人们所认识,高等学校成为社会生活的中心,人们越来越要求大学在社会中承担起更大职责,发挥更多的职能。

1. 培养专门人才是现代高校的根本使命

培养专门人才是大学产生之日起就具有的职能，中世纪大学即以培养人才为其唯一任务，无论大学如何发展，这一职能永远不会消失，离开了这一点，大学便不称其为大学了。因此，培养专门人才是高等学校的根本使命，也是高校工作的根本出发点和工作的中心，高校的一切工作都要围绕培养专门人才这一使命来展开。

高校培养专门人才的职能是永恒的，但培养专门人才职能的内涵是发展变化的，在不同的历史时期、不同的国家，其高校所培养的专门人才从目标、规格到内容、质量都不尽相同。如在历史上，英国大学以文化为中心，把学术视为学生自我发展的手段，培养贵族、绅士；德国大学的生命在于学术，把学术发展看成自身的目的，培养学者；美国大学的重点在于服务，把学术看作从事服务的工具，培养为社会服务的公民。再如，中世纪大学远离社会生产和生活，只为统治阶级培养统治人才，为上流社会培养绅士，为自由职业者培养后备军。随着科学的发展，科学研究进入大学，大学开始培养科学研究人员和科学家。在当代社会，科学技术渗透到社会生活各个领域，大学承担了为社会各个行业培养专门人才的重任。现代高校培养的专门人才从层次看包括了专科、本科直至硕士、博士研究生等多种层次。就类型而言，高校专业门类越来越多，甚至在同一类专业人才中也有各种类型，如理论型、技术型、应用型等。

我国正处在社会主义现代化建设时期，需要一大批德、智、体全面发展的高级专门人才，高等学校必须面向现代化、面向世界、面向未来，为造就一大批合格的社会主义现代化建设人才不断努力。

2. 发展科学是现代高校的重要职能

发展科学的职能体现在大学的科学研究活动中。大学开展科学研究活动，既是培养科学人才不可缺少的途径，也是科技、经济发展的客观要求。

科学研究活动作为培养人才的重要途径，在人才的培养中发挥着越来越重要的作用。首先，科学研究有助于提高教学质量，是教学内容不断更新的主要源泉。其次，科学研究有助于提高教师的水平。最后，科学研究有利于发展学生的智能，培养学生的能力。

高等学校在培养专门人才的过程中，必然集中大量具有丰富科学理论和方法的专家，设置科类齐全的专业、学科，购置先进的科学仪器设备，收藏丰富的文献资料，拓展广泛的信息来源渠道，创造良好的科学研究氛围，这就同时为开展科学研究、发展科学创造了良好的物质和精神条件。于是，高校就成为科学研究的主力军或重要方面军，如美国60%的基础研究、15%的应用研究是在大学中进行的。英国的大学也承担了全国2/3的基础研究任务。几乎所有的科技新成果，都是在大学研究的基础上搞出来的。高校成为我国发展科学的重要方面军。1982年全国科技奖励大会，授予自然科学奖124项，其中有57项在学校，占45.9%；授予发明奖428项，以高校为主的发明有117项，占27%。1995年公布的国家自然科学奖、国家发明奖、国家科学技术奖三项大奖评定结果，分别为58项、116项、474项。其中27所高校获自然科学奖19项，占总数的50%；43所高校获发明奖项，占总数的47.7%；113所高校获科技进步奖115项，占总数的32%。1997年，邓小平同志就强调，高等学校，特别是重点高等学校，应当是科研的一个重要方面军，这一点要定下来。他们有这个能力，有这方面人才。随着高科技的发展，发达国家和地区相继出现了地区性科研中心，这些地区科研中心均以大学为核心，如以哈佛大学和麻省理工学院为龙头的波士顿科研中心，在日本筑波、我国台湾的新竹也都形成了大学科学园区。这些中心、园区的形成，不仅对更好地完成教学任务、提高培养质量和教师的水平，而且对发展科学技术、促进科研与生产结合、高科技转化为生产力都具有十分重要的意义。因此，随着大学科研在社会发展和社会生活中的作用越来越重要，科研已不仅为教学所用，而且也成为发展科学的重要活动。发展科学是现代高校的重要职能。

3. 服务社会是当代高校职能的延伸

培养人才、发展科学，从广义上讲，都是为社会服务。但高等学校还通过各种形式为社会提供直接的服务。大学面向社会，直接为社会服务。在19世纪末20世纪初开始于美国，最初还仅仅是作为美国州立大学的一个办学特色。第二次世界大战后，人们逐渐认识到大学在国家科学事业、经济增长与社会发展中的作用，认为大学应该充分发挥其潜在优势，直接服务于社会，尤其是在社会经济、文化生活中发挥积极作用。

高校直接为社会服务是社会的客观需要，高校作为社会文化科学的中心在社会文化、科学技术等领域居于领先地位，能够也应该担负起对社会各方面工作的指导与咨询责任，帮助社会解决在发展过程中遇到的种种理论和实际问题。

高校直接为社会服务也是高校自身发展的需要。通过广泛的社会服务，有助于充分了解社会对人才和科技的需求情况，以便针对社会需求培养人才和确定科研方向；有助于促进高校理论联系实际，丰富和充实教学内容，提高教学水平和质量；也有助于加速科研成果向产品、商品的转化，获得更大的社会效益和经济效益，促进高校的更好发展。高校为社会服务的意义和作用主要表现在以下方面：① 高校通过为社会服务，能充分了解社会对人才和科技的需求状况，从而制订高校的教育事业的发展规划和科研项目，更好地贯彻"教育为社会主义建设服务"的方针。②高校通过为社会服务，使教师更多地接触生产实际，促进理论与实际的结合，提高教师的业务水平。③ 高校通过为社会服务，可以从生产实际中选择毕业设计和课程设计课题，使大学生较早地接触社会和生产实际，增强学生分析和解决实际问题的能力。④ 高校通过为社会服务，可以加速科研成果向产品的转化。⑤ 高校通过为社会服务，可以获得一定的劳务所得，是高校筹措教育经费的渠道之一。

现代高校社会服务的范围已很广泛，由生产到生活遍及社会各个领域，包括经济、科技、卫生、文化、教育等各个方面。服务的对象既有政府，也有工厂企业，乃至个人，随着大学社会服务范围的不断扩大，服务的形式亦趋于多样化。其主要的形式如下：

（1）教学服务，包括委托培养、推广教育、举办技术人力培训等。

（2）科技服务，包括科技成果转让、技术咨询等。

（3）信息服务，包括利用高校数据库、图书资料等为社会服务。

（4）装备服务，包括利用高校精良的装备，如仪器设备、实验室、测试中心、电教中心、计算中心等向社会开放。

总之，高校社会服务包括教育推广、人力培训、决策咨询、技术转让等诸多形式。

现代高校培养人才、发展科学、服务社会的三项职能，是相互联系、相互渗透的，共同构成了现代高校的职能体系。其中培养人才是现代高校的根本使命，无论是哪一种类型或层次的高校，培养人才始终居于中心地位。发展科学是高校的重要职能，它直接关系到高校培养人才的质量和学术水平的提高。直接服务社会是高校培养人才、发展科学职能的进一步延伸，否则高校培养人才、发展科学的活动就会脱离社会实际。但不同时期、不同层次的高校，职能发挥的重点是不一样的，任何高校都应根据自身特点，以培养人才为中心处理好三者的关系。

第五章 高等教育改革过程理论

第一节 高等教育改革过程的战略

一、改革的进度或速度问题

任何一项改革,在进展过程中都涉及进度或速度问题。过快、过慢了都不利于改革目标的实现。国内外许多教育改革的经验都向我们揭示出,处理不好这个问题,改革要么难以达到预期目的,要么就会因操之过急而半途夭折。

改革进度问题,既是理论问题,也是实践问题。高等教育改革所涉及的内容十分广泛,其制约因素也极其复杂。就某一项改革而言,究竟应采取相对突进的方式还是相对渐进的方式,需要考虑很多因素。这些因素包括以下几种:

(一)改革的类型

教育改革如果可以划分出类型的话,大致有三种类型。第一种是管理体制改革,第二种是专业与课程改革,第三种是教学方式方法改革。就难度而言,教学方式方法的改革居首,其次是专业与课程改革,最后是管理体制改革。改革类型的难度对改革过程的战略具有重要影响。一般来讲,难度相对小的改革类型比难度大的改革类型采用突进方式所承担的失败风险系数要小。亦即,管理体制改革比起教学方式方法的改革,采用突进方式成功的可能性要大。这一点已为世界教育改革实践多次证明过。而教育改革若同经济体制改革相比,其总体上的难度要大。这是因为,教育改革所涉及的因素在性质上要复杂得多,而且其中难以控制的因素也特别多。此外,教育改革无论从指导思想的确立、方案的设计来讲,还是从实施步骤与方法来看,在理论的成熟性上都远不及经济体制改革。因此,教育改革相对经济体制改革来说,在总体战略上更需谨慎小心,以相对渐进的方式来推行为好。而在教育改革的三种类型中,教育管理体制的改革可以相对大刀阔斧些,教学方式方法的改革则应更加谨慎,更多地采取渐进的方式。

（二）改革的主客观条件

一项改革方案的推行如果具备了各方面的主客观条件（诸如改革者和改革所涉及的人员的积极性和心理准备性、资金的充足、社会各界的支持等），那么这项改革就不妨采用相对突进的方式，使之一气呵成或一步到位。如果这些条件不具备或不完全具备，则需以渐进方式推进，在改革过程中逐步创造条件以达到最终目的。

（三）改革方案的涉及范围及其他改革的配套情况

教育上的事情相互之间有着千丝万缕的联系。有些改革方案涉及面较广，是与其他领域配套进行的（如各种整体改革方案）。但有时达到这种配套并不容易，因而通常也不排斥某个领域的率先改革，以带动其他领域。如果是配套改革的方案，一般说以渐进方式为好，因为要同时照顾到各方面的协调一致和改革者的负担（这与改革涉及面成正比）。此时若采用突进方式，往往使人们难以承受突如其来的巨大工作量，也极易破坏原有的正常秩序。而如果是单个领域的率先改革，则常常采用突进方式，即使失败，也可以从中发现问题及时纠正，所造成的工作负担和损失也不会大；采用渐进形式则往往使改革形同修补，很难看出实质性进展。

从上面对三个因素的分析来看，改革过程的进度与速度不能简单地说哪一种方式为好。从世界各国和我国高等教育改革的历史经验看，两种方式都出现过。新中国成立初期的院系调整，显然是突进式的，而高校中教学内容的改革，常常又是渐进的。改革开放以来，高校管理体制的改革，有的学校采用相对"突进式"，而有的则相对采用"渐进式"。新建的高校在体制、课程、教学改革中往往根本性的变化，因而可以说是相对"突进的"，而较老的高校则比较求稳，多采用渐进式。

这里还需指出的是，就改革方案本身来说，一般都体现为对原有方式的较彻底的改变，但在实施过程中仍可采用渐进方式。在这种情况下，就必须为这种彻底的改革拟制详细具体而又切实可行的短期步骤。此外，就改革内容来讲，如果所要改变的主要是思想、意识形态方面的东西，往往就要采用渐进方式。这是因为，思想意识形态方面的变化不可能像体制、政权那样一下子改变过来，在改变过程中只能用渐进的方式一点一滴地进行。教育上的三种类型的改革当中，教学方式方法改革所需改变的主要是思想意识形态上的东西，教育管理改革在需改变的东西中思想意识形态方面的内容最少，而专业与课程改革则居中。因此，在改革的进度上，若按照从渐进到突进的顺序排列，就应当排成：教学方式方法改革、专业与课程改革、教育管理体制改革。这与三种改革的难度也是相对应的。

就整个高等教育的历史来看，一般来说，渐进的方式成功的可能性较大，突进方式成功的可能性较小。因而高等教育改革的进度在总体战略上应更偏重渐进式，但也不排斥一定条件下采用突进式取得成功的可能性。而改革能否成功，就进度而言，完全取决于改革者的主客观条件和各方面因素认识与分析和科学性、正确性如何。

二、改革的形式

在高等教育改革过程理论中，改革形式也是一个很值得探讨的问题。它对改革的成败也起着重要作用。这里涉及两个主要的理论问题。

（一）自上而下的改革与自下而上的改革

这个问题属于改革的走向问题，即相对一个国家的教育体系而言，教育改革的运动轨迹问题。所谓自上而下，是指由中央根据一定的改革指导思想，通过行政的、经济的、法律的或其他有效手段，逐步从中央向地方的各高等学校推行改革。在这一形式中，改革的思路、政策、方案主要是由中央制定的。所谓自下而上，是指各高等学校或高校中各部门，率先进行本校的改革。不同的高校由于共同的改革成功的经验，引起共鸣，并推动中央采取措施，按照这些经验将成果巩固下来。这两种形式实际上是相互依存、交替进行的。改革究竟会出现怎样的形式，受很多因素的影响。就目前的研究结果来看，主要受以下几个因素的影响。

1. 高教管理体制

从总体上看，高教管理体制可分为中央集权与地方分权两种模式。但各国的情况千差万别，大多数国家只是偏向于某种模式；一个国家的高等教育在自身的发展过程中，也会由于各方面条件的变化而兼有这两种体制的特点。一般来说，中央集权的管理体制较多出现自上而下的改革，而地方分权的管理体制则更多出现自下而上的改革。这是就一般情况而言。而一旦高等教育改革的内容和机遇与国家命运息息相关时，各国政府都会从中央一级做出积极的反应，通过一定方式进行自上而下的改革。此外，高校自主权越大，自下而上的改革出现的可能性越大；反之出现的可能性就小。

2. 改革的起因

高等教育改革从起因上看，有内部的也有外部的。内部因素主要是教育界自身在发展过程中碰到各种各样问题需要解决，或教育科学、心理科学有了较大发展而引起改革，或是教育思想变化而引起改革等。外部起因主要是社会经济、政治、文化等因素的变化或一些突发事件引起的改革。由内部因素引起的改革，其运动轨迹通常更可能表现为自下而上的走向，而外部因素引起的改革，则更可能表现为自上而下的走向。这是从理论上讲的。在实践上，一项改革或一系列改革，往往是外部因素和内部因素共同作用的结果。这种情况下，改革走向则往往因其他因素而变化。

3. 改革内容

通常来说，教育体制上、行政管理上的改革，较多地表现为自上而下的走向，而学校内部教学改革则往往表现为自下而上的走向。这与改革起因有些共同之处。而且由于学校类型不同，各自碰到的情况也不同，因此，进行较为微观的学校内部各项改革，多是从各校开展起来的。

4. 高教体系的就学制度和就业制度

大学生的就业越是自主、自由，招生越是倾向于交纳学费，那么自下而上的改革的可能性就越大。因为自费上学和自主就业本身就使学生对学校教学不断提出各种高要求，促使学校做出经常的改革。而在统包统配体制下，很难找到推动学校自发进行改革的动力。

5. 教学内容与社会直接需要之间关系的疏密度

在高等学校中，专业与学科种类繁多。有些系科、专业与社会直接需要关系甚密，社会的发展变化不断冲击着这些系科和专业，使之必须做出迅速、及时的反应。特别是在引起竞争机制之后，这种情况更为明显。因而改革容易从下面开展。而另一些与社会直接需要关系比较远的专业、系科，则对这些直接的社会需要反应迟钝，紧迫性也不那么强烈，常常需要自上而下的外力推动作用才能投入改革。此外，有些基础性文理科的改革，还要在中央统一规划下，重点扶持、稳步改革，自上而下地通过一定的杠杆和政策来逐步进行。

除了以上几个影响因素外，可能还有一些。总之，高教改革走向是个比较复杂的问题，对于两种不同的改革走向，也不能笼统地说哪一种比较好。在实际改革中往往要根据具体情况才能做出判断。此外，改革中的走向有时并不是人们预先设定的，而是受政治、经济、文化等诸方面因素综合影响下自然形成的。但从理论上讲，两种走向各有利弊，这与下一个问题紧密相连。对此做出一定的分析，有利于更好地理解改革过程，从而避免其弊，发扬其利，这对改革的成功是有助益的。

（二）全国性改革与以学校为单位的改革

这个问题与前一个问题有着密切联系。这两种方式的改革过程是不一样的。全国性改革的一般过程如下：先由有关专家学者、教育行政部门负责人和教育理论家组成一个改革方案制订小组，对某类高校或整个高教系统普遍存在的某类问题进行周密的调查研究，并提出解决的办法。根据这些解决办法制订一个新的方案或计划，经过理论上的论证后，将该方案或计划拿到部分高校或同类高校的部分系科进行试验，经修改确定后，向同类高校或整个高教系统进行推广。这种方式主要包括三个相互联系的阶段，即研究阶段、制订方案阶段和推广阶段（可简称为"研制推广方式"）。新的改革方案或计划的推行，并不要求立即完全取代旧的方式，而是在一定时期内与旧方式同时并存。我国改革开放后，由国家教委选择若干所高校作为某类改革试点的方式就属此类方式。

以学校为单位的改革方式的一般过程如下：由学校召集有关人员组成改革小组，

根据本校实际，对本校存在的问题进行调查研究，然后制订改革方案，对这些问题加以解决。这种方式因而也可以称为"问题解决方式"。在这种方式中，学校也可聘请校外有关专家和教育理论工作者对改革进行指导。这种方式的改革例子很多，像80年代后期开始的华东化工学院的改革、上海海运学院的改革等，都是以学校为单位进行的。

全国性改革与以学校为单位的改革都存在推广、传播的问题，只是后者比前者显得不那么受人注目罢了。

改革的推广是一项很重要的工作。在我国对它的研究还很不够。常常有这种情况发生：新的改革方案在小样本中是成功的，而一旦推广到较大范围就容易出问题。为了使样本中的改革试验或改革经验能顺利推广，应做好以下几项工作：

（1）在推广时，有必要对新的改革方案所要达到的目的进行详细、清楚的说明，并拟订一个切实可行的，关于如何达到这些目的的时间表。

（2）对新的改革方案的推广做出计划，按阶段完成。不应企图把新方案立即带到大系统中，而是应该从实验论证开始，一步一步地向大范围过渡。

（3）若是比较复杂的改革，应尽可能建立一个实验基地，用以培训来自其他系统的人员，以便使这些人员回去后能准确地将基地中的经验带到各自系统中去。

（4）做好舆论宣传工作。对新的改革方案的长处、重要性大力宣传，从而获得更广大群众及社会各界的支持。

我国的高教改革无论表现为哪种方式，推广工作往往不受重视，常常出现各后起高校蜂拥到先行改革的高校"取经"而冲击或影响先行改革高校工作的情况。其原因之一就在于改革的推广工作存在欠缺。

全国性改革和以学校为单位的改革形式各有其长处和不足。全国性改革通常以解决共同性、普遍性问题为目的，且一旦得到行政上和社会上的支持，容易获得充足的资金和推行上的保证；改革的影响面大，见效显著，对推动整个高教领域的改革来说，这种方式较为理想。但是这种方式由于对各个高校的具体情况和问题不可能了若指掌，因而往往对高校间的差异性估计不足，极易使一些高校在不具备充分条件的情况下仓促上阵推行改革，而犯"一刀切"的老毛病。因此在采用全国性改革方式时，对此必须有足够的估计。以学校为单位的改革方式以解决本校特定问题为宗旨，这些问题可能是带有普遍性的，也可能是这类学校甚或这所学校所特有的。采用这种方式的最大长处在于针对性强、有的放矢，往往只要一动手，就会立竿见影，容易获得成功。但这种方式往往缺乏全局观点，所采取的改革措施有时会同全国高教改革的方向不一致甚至相悖。例如专业的设置与专业点的配备，若缺少全局观点，只从本校人力、物力和发展来考虑，难免在全局上造成重复或出现空白。

我国的社会主义市场经济体制的逐步确立，对于高等教育改革产生了重要影响。过去那种大规模全国性改革今后恐怕不会再出现了，以学校为单位的改革逐渐占有了重要地位。但社会主义市场经济是有计划的,不是放任自流的,况且由完全计划经济向市场经济转变,也需要一个过程。因此,我国高等教育改革就改革形式而言,在相当一个时期内,应当遵循在中央全局性指导下的学校为单位进行改革的战略。

三、各类型改革的关系

前面谈到高教改革可分为三种类型,即教学方式方法改革、专业与课程改革、教育管理体制改革。前两类改革也可合称为教学改革。这三类改革都是教育改革的组成部分,但三者性质不同,在改革中必须处理好三者的关系。

在这个问题上,争论比较大的主要是教学改革与教育管理体制改革的关系问题。这两者的关系可概括为如下几点:

(1)从性质上讲,高等教育改革的根本目的在于更多、更快、更好地培养人才,而教学则是人才培养的主要途径。因此,改革专业与课程,改进教学方式方法,培养高质量人才,乃是高教改革的"本"。

(2)培养人才的活动都是在一定的体制保证下进行的。体制不适当,会直接影响教育质量,影响人才培养过程的主要途径——教学。

(3)教育管理体制是为教学活动服务的,从逻辑上讲,有怎样的培养人才的模式,就应有怎样的管理体制与之相匹配。

(4)教学活动的改革,从总体上讲,是一个不断地进行的连续过程,而管理体制改革,通常是在旧体制不适应新的教学模式的情况下才做出改变,因而较多地表现为阶段性。

(5)教学改革为教育管理体制改革提出问题,后者如何改,要根据前者的需要,要服从于前者的目标。如果不是从教学改革入手发现和提出问题,教育管理体制的改革便会失去方向。管理体制改革是围绕教学改革进行的。

(6)从改革时间顺序看,两类改革都可作为突破口,二者的深入,常常是互相促进、互为因果的:教学改革若不深入,就难以发现真正的症结,找不到问题所在,在这种情况下,教育管理体制的改革只能是表层的、初级的,有时即使改了,也难持久。

反之,如果某学校目前进行管理体制改革的条件已经具备,且问题又看得比较准,或者不改就无法使教学的要求得到满足,那么,体制上的某些改革当然可以也应该放在前面进行。

不管是教学改革还是教育管理体制改革,其成功与否的检验标准只有一个,就是看这些改革是不是调动了各方面的积极性,使学校的教育质量得到提高。

下面再来谈谈专业课程改革和教学方式方法改革的关系。这两种类型的改革虽然同属教学改革,但也有一些区别,除了两者的难度区别外,二者的关系还有以下几个方面需加以注意。

专业与课程改革的主体是学校当局，而教学方式方法的改革主体则是广大的第一线教师。改革主体不同，推行的方式也就不同；专业与课程是高等教育的核心问题，教学方式方法改革的目标应与专业课程改革目标一致，否则便达不到改革目的；专业与课程改革的目标必须具体化为教学目标，并在教学过程中通过具体的方式方法来实现，因而只注重课程方案的制订而不随后开展为达成课程目标而进行的教学方式方法的改革，课程目标的实现就可能落空。

高等教育改革的历史也揭示出，如何使学校当局的改革积极性与广大教师的改革积极性同时调动起来，推动这两类改革协调开展，是一项极其重要又十分艰巨、细致的工作。许多高校的改革之所以不那么顺利，或不那么受人欢迎，其中一个重要原因就是未能将教学改革中这两种类型的改革很好地协调起来。关于如何协调这种关系，目前的研究仍很不够，我们在本章第二节中将根据现有研究结果从另一角度做一些粗浅的阐述。

我国改革开放以来，也有一些高等学校的改革采用的是"综合改革"或接近"综合改革"的战略。综合改革比起单项改革来，其优点是明显的，特别是避免了顾此失彼的片面性。但综合改革的方案设计是件十分复杂的工作。它需要全面地考虑各个主要方面的情况，提出一个一揽子计划或方案。目前还没有一种进行综合改革方案制订和实施过程的模式可供参考。因为对每一所学校而言，由于条件不同，综合改革的范围、进度、突破口等都会不同。这项工作有待于教育理论和实际工作者进一步探讨和总结。不过目前许多高校的综合改革经验很多，虽然各不相同，却也能为后起的高校改革提供很有价值的参考。

第二节 高等教育改革过程的策略

前面一节，我们在探讨高教改革过程的战略时主张应在中央全局性指导下以学校为单位进行。所以这一节对改革过程的具体策略就集中在个体的学校的改革过程上面。

一、改革方案的制订

就改革过程而言，改革方案的制订涉及相互联系的两个问题。一是改革小组的组织；二是改革方案制订过程中的协调问题。

改革小组组织得合适与否，对改革方案制订得是否科学、合理和完善是至关重要的。由于教育改革是涉及学校内部方方面面人与事的大事，因此改革小组的人员组成也必须能够比较全面地反映各方面的情况和问题。就一所高等学校的改革而言，通常在组织改革小组时可以从改革小组成员应具备的知识结构和素质方面来考虑小组人员的配备和组成。

改革小组的知识和素质结构是随着改革类型的不同而略有不同的。例如，专业与课程改革通常要包括下面四个方面的知识和素质：

1. 学科与教材

在小组成员中，必须有人非常熟悉该专业领域的各门学科。如果是对某门课程进行改革，则必须有人深谙这门课程及其教材的各种情况。对这些问题有深厚造诣的通常就是各学科的专家。

2. 社会需要

小组成员中必须有人具有关于社会对该专业人才需求情况的知识和信息，并了解社会对所培养的本专业人才规格的基本要求。对这类知识和信息最为熟悉的有时可以是学校中的教职员或干部，更多时候是校外的有关人员。

3. 深知学生情况

制订改革方案还必须有人熟悉将要按照此改革方案进行学习的各年级学生的有关情况，其中包括学生的需要和动机、知识和能力水平、学习上存在的困难和潜力等等。显然，对这些情况最了解的莫过于第一线的教师和学生自己了。

4. 教育理论和课程编制理论

制订改革方案本身也需要专门知识和技能。在小组成员中，必须有人是这方面的专家。而管理体制改革，改革小组成员通常应至少具备下面3个方面的知识和经验：

（1）教学与科研规律及需要。管理体制改革既然要以教育改革为本，并围绕教学改革进行，那么，进行管理体制改革的小组成员就必须对学校教学、科研工作的规律和需要有全面而深入的了解。缺少了这一条，管理体制改革就会迷失方向甚至走入歧途。

（2）教育管理科学。改革小组成员应当具备学校管理学、社会学、管理心理学等对管理体制改革来说必不可少的学科知识，唯有如此才能使管理改革的决策更加科学化。

（3）本校管理人员诸方面情况和现存管理工作的运作情况。小组成员还必须了解本校管理工作实践中的各种问题和现有情况，才能有的放矢地拟订相应方案和措施。

因此，管理体制改革一般应由校长、各部门的管理干部以及科研、教学第一线的教授、专家代表组成，同时也要聘请一定数量的教育管理方面的专家和学生代表参加。

至于教学方式方法的改革，则主要涉及国内外教学方式方法改革方面的知识，其中包括对大学各类学科教学特点的了解，对师生教学活动过程的规律的认识、对教育学、教育心理学理论的熟悉及与此有关的专业与课程、教学管理等方面的知识。

如果是综合改革，改革小组成员所需的知识、素质就更为全面。概言之，改革小组成员应尽可能具备所要进行改革的对象方面的各种知识和进行改革所需的各种技能，以便能较全面地发现问题，较科学地制订方案。诚然，改革小组的成员数目也不宜过多，如果受条件限制而不能在改革小组成员中较为全面地体现所需的知识和素质，那么就应该采取其他措施，使各方面的情况能全面地反映到改革小组中来。

改革小组成员的知识、素质代表性和全面性，是关系到改革成败的一个重大问题，对此切不可掉以轻心。有些高校的改革由于缺少这些知识，改革方案只是少数行政领导者片面征求了若干意见就草率仓促形成，结果不是使方案多次修改，延误了时机，就是由于硬性推行而收不到预期效果。这种教训应当认真吸取。

二、改革的一般模式

以学校为单位进行的教育改革，在制订好改革方案之后，其过程大致要经历三个阶段。

第一阶段，是形成动机阶段。在这一阶段，改革动机的形成有两个因素在起作用。每一个因素是要有进行改革的压力或"心理冲突"。一所学校或一个系的领导者或教师首先必须有一种进行改革的紧迫感。倘若当前的状况并未使人们感到应当进行改革，或者说进行改革的压力或"心理冲突"还未形成，那么就不可能形成改革动机。在这种情况下，就应采取措施，比如说，通过把当前状况与理想状况进行比较，或把本校情况与先进学校情况进行比较，使广大干部和教职工产生这种"心理冲突"。

第二个因素是"心理安全感"。仅仅具有了改革的压力和心理冲突并不能保证会使改革的积极性调动起来。因为广大干部和教职工可能会感到十分担心。比如说，他们会担心改革方案一旦实施，自己的负担会大幅度增加，或者在某些方面对个人晋升有不利影响，或担心教学质量会下降等等。由于这些担心，一些教师和干部可能会感到改革对自己是一种威胁。因此，找出种种理由来抵制改革或采取消极应付态度。对此，改革小组可以通过种种现象，推断大家所担心的主要是什么，然后借助宣传或借助其他学校的样板，采取有效措施（如使大学了解如何克服改革障碍的具体办法和改革后的状况），使广大教职工有充分的心理安全感。

形成改革动机的本质，从心理上讲就是在上述两个因素之间达到平衡，即在造成充分的进行改革的心理冲突和心理安全感之间达到平衡，我们的很多改革之所以会落空，其中的一个重要原因很可能是没有充分造成改革的压力或心理冲突，或者是因为心理安全感太少。换句话说，要形成改革动机，既要有改革压力，又要有安全感。如果改革压力大到使人没有安全感，或者安全感大到使人没有压力，都不利于改革动机的形成，二者应达到平衡。

改革过程的这个阶段是十分重要的。没有改革的动机，无论改革目标订得多么好、可行性多么高，改革也都将付诸东流。第二阶段是改革阶段。当一所学校的教师和干部形成了改革的动机，接下来的事情就是改革本身了。这个阶段的本质，从理论上说，是新信息的获得和旧有观念、态度和知识的改造。或者说，是用新的东西代替旧的东西的过程。那么这些"新的东西"是什么呢？就是改革方案中所提倡的新思想、新观点、新知识和新的方式。但是改革方案中的这些新东西只是以一种抽象概念的形式出现的，因而根据这些概念来改变教师和干部已经习惯了的旧东西，似乎还不具备太大的说服力，也不具备太大的冲击力。这里还必须通过其他途径从感情上获得这些新东西。通常可通过两条途径获得。第一，模仿那些与自己学校情况类似的并已经取得或正在取得改革成功的学校。第二，尽可能搜集所有有关的改革信息，从中挑选出最适合本校情况的那些信息。这两条途径可同时采用。第一条途径比较省事，但往往会出现这样的情况：甲校的成功改革的方法拿到乙校便不一定那么合适。例如学分制在某些学校就实行得很好，而拿到另一些学校，未必能实行得很好，因而容易犯简单照抄、"东施效颦"的毛病。第二种途径通过对比，可靠性大。例如把全国较著名大学、中等水平大学和水平较低大学等不同水平学校和综合大学、单科大学等不同类型学校实行学分制的情况一一与本校进行比较，往往能得到更适合本校的改革方式。但这种途径比较费时费力，也需要更多的资金支持。

一旦选择了与本校情况相似的新信息，便可着手进行改革。第三阶段是巩固改革阶段。一项改革能否持久地保持下去，在很大程度上取决于这一阶段的工作做得是否充分。有些学校的改革，尽管在一开始时，各方面积极性都很高，改革的过程也进行得比较顺利。但由于没有很好地把改革成果巩固下来，以致改革的效果很快受到怀疑，使改革不能保持下去而走回头路，或用行政手段勉强维持。因此，巩固改革的成果在某种意义上说，比改革过程本身更为重要。

巩固改革成果包括两个组成部分：

第一，改革所提倡的新东西或方式必须使之符合持有它们的人的"个性特征"。换句话说，一位大学教师或干部虽然可以按照改革的目标去做，但是倘若改革目标所提倡的那些新方式与该教师或干部原来在旧方式下形成的个性特征不符，那么这位教师或干部很可能在使用了一段新方式之后，自觉不自觉地又回到原有方式上去。以教学方法改革为例，一位教师本来就比较喜欢在教学中经常提问题，其教材或讲义也常用问题来组织，如果改革的目标之一提倡的是以问题来组织课堂的教学，那么这位教师就很容易将改革成果巩固下去；但是如果这位教师习惯于向学生讲授详细内容的方式，那么改革目标中所提倡的问题教学方式就会与该教师已养成的个性特征不符，因而新的方式会很快被放弃或歪曲，进而使改革不能保持下去。而要使改革保持下去，就必须采取措施，改变该教师原有的"个性特征"，使之与新的东西相适应。

第二，改革所提倡的东西还必须符合持有它们的人周围的环境和相关的社会系统，才能使改革在整个学校中继续下去并得到巩固。仍举上面那个例子。虽然问题教学方式符合那位教师的"个性特征",也符合他们在教研室的那些教师的个性,但是如果本系其他教研室的教师或者学校其他相关系科的教师仍然倾向于采用单一的详细讲授的方式,那么改革的成果就只限定在这个小环境中。而且学校其他系统的教师的传统教学方式会不断地影响和冲击到这个小环境。其结果,要么通过某种方式把两者调和折中起来,要么使改革成果的保持受到威胁而不能持久继续下去。所以,要使一项改革保持下去,就必须采取措施,使改革所提倡的东西既符合个体教师的"个性",又符合他们周围的有关环境和系统。

以上所谈的三个阶段,是以学校为单位进行改革的一般模式。应当指出,一项改革若要获得成功,必须特别注意第一阶段和第三阶段。还应当指出,"巩固"并不意味着永久地固定。因为新的改革动机会不断形成,对整个系统还在不断起着作用。所以这三个阶段是一个循环往复的、动态的过程。

三、具体的改革过程和步骤

为了达到改革目标,第一件要做的具体事情就是对学校内各种因素进行详尽的分析,尽可能找出所有的动力因素和阻力因素,并将它们排列出来。通常,做这项工作最理想的办法就是采用勒温的"力—场"分析法。这种方法的目的在于使改革者尽可能把所应考虑到的因素都考虑到,避免漏掉那些可能相当重要的因素。下面以专业改革为例来做一说明。

我国高校专业改革的一个重要目标就是建立适应社会主义市场经济体制的专业设置模式。而其中很关键的一点就是通过增加学生选择专业的自由度来实现这一目标。因此,要达到这个目标,首先应该对高校目前的专业设置模式中,学生自由选择专业的状况进行因素分析,找出动力因素和阻力因素。

这张"力—场"分析图描述的是当前学生在过去旧模式下专业选择自由上的不理想状态。这种状态是原先的动力因素和阻力因素相互作用的结果。现在,改革的目标是要增加学生的专业选择自由度。因此在找出动力因素和阻力因素之后,要达到改革目标,就必须或者增强动力因素,或者减小阻力因素,以此来形成新的"力—场",从而实现改革目标。

但一般说来,消除阻力因素比增强动力因素更为重要。因为只注意加强动力因素,其结果往往是,动力因素增加也同时会加大阻力因素,从而抵消了新加强的动力因素;而若是以消除阻力因素为主,则更有利于整个学校自动向着改革目标迈进。因为动力因素本身不会减弱,而且对于达到改革目标通常来说是足够的。

在这里,应尽可能将各种因素都考虑到,然后,改革小组应把注意力放在阻力因素上，仔细地检查。如果感到阻力因素太强而又在相当长时间内无法消除，那么这项改革在目前进行就有困难；如果通过努力可以在一定时期内基本消除阻力因素，那么这项改革就有希望获得成功。

在把所有的动力因素和阻力因素都排列出来之后，接下来的任务就是在阻力因素这一栏中进行分析，找出其中影响最大、对改革目标的实现起关键作用的因素。也就是说，抓主要矛盾。然后从主要矛盾入手消除阻力因素。应当指出的是，各校情况不同、改革目标不同，影响最大的主要因素也是不同的。

我们假定已经找出了实施新的专业改革方案的最大阻力因素是教师和干部对旧的专业设置模式的工作方式的习惯性。那么，改革小组下一步的任务就是要选择一个着手进行改革的具体对象。我们可以把这称为选择改革的"切入点"。这个切入点或对象可以是某些人员（如某些教师、领导者等），也可以是某些机构（如某些系、所或职能部门）。这些切入点选择得是否恰当，取决于两方面因素。一是取决于对实现改革目标的阻力因素的分析；二是取决于一定的标准。

上面已假定改革的最大阻力因素是学校领导和教师对旧的专业设置模式的工作方式的习惯性。因此，改革的切入点就应是这些人员。那么，应选择他们中的哪些人员作为切入点呢？这还需要根据下面几条标准来做出判断。

（一）接近性

它是指改革小组与切入点的人员或机构之间的熟悉、了解程度。改革小组最好是选择那些比较熟悉和了解的系或教师作为切入点。

（二）关联性

关联性即改革切入点与学校整个系统中其他部分人员之间关联的紧密程度。如果这种关联性十分密切，那么一旦进行了改革，很快就会扩散到其他部分中去。在学术界，改革更多地是通过系和教研室或学科组来扩散的，因此有时某些教授比校长和系主任更利于改革的推行。

（三）适合性

适合性指的是，期望选择出来的切入点所发生的变化要与改革的第一个行动目标相适合。例如，专业改革的第一个行动目标假定是要增加学生选择专业的自由度，那么有些专业，如那些必须由国家统一招生和分配的特殊专业，就不宜作为改革的切入点。

（四）影响性

影响性指的是，改革小组必须能够对切入点的人员或机构产生影响。高等学校不同于普通学校，在普通学校，课程相对统一，程度也浅得多，而高等学校专业林立、学科纷繁,"隔行如隔山",常常有这样的情况:学科专家认为改革小组不懂本专业的学科知识,因此对提出的改革方案或目标往往不愿接受。碰到这种情况,改革小组就必须使用一些手段来施加影响,或寻找支持改革的因素。比如说,通过学校制定一些制度,对实施改革的单位予以经济上的资助,或者吸收其他单位相同学科那些愿意改革并有影响的专家来参与本校的改革。如果做不到这一点,改革小组对切入点就没有影响力,那么即使符合上述三条标准,也最好是另换其他切入点。

(五)准备性

准备性指切入点人员是否已经对改革有心理准备,改革动机是否已形成,改革的气氛是否已具备。所选择的切入点应该具备这种准备性。如果缺乏这种准备性,即使符合了上述四条标准,也最好不要选择这样的人员或机构作为切入点。以上所谈具体的改革过程和步骤看起来似乎很烦琐,但这些精力和时间是值得花的。因为这样做可以大大增加改革成功的可能性。

通过对阻力因素的分析,并运用上述标准,就可以找到比较合适的切入点。改革的进程就应当从这些切入点开始。通常,在改革之前,最好是让切入点中的人员也参与到上述的整个分析过程中来,让他们重新对改革小组所进行的工作再进行一遍。这样做一是可以检验一下改革小组所分析的动力因素和阻力因素是不是正确;二是可以使切入点的人员更好地理解整个改革过程,使他们从心理上感到这项改革是他们自己在进行,而不是别人从外面强加给他们的,从而增强他们执行改革方案的自主性和自觉性。

以上所谈的改革过程中的方法、步骤,并非唯一的,在改革中,仍需根据具体情况,采取各种灵活的变通方式。但上述方法和步骤至少可以使我们更加清楚地认识整个改革过程,从而使每一步的决策都更加科学、更加明智。

关于改革的具体实施过程,有一些国外的研究结果可供我们参考,现分列于后:

(1)如果某个改革方案要求教师完全抛弃原有的教学实践方式而代之以全新的方式,那么这样的改革很可能会失败;如果一项改革方案要求必须对教师进行重新培训,那么改革成功的可能性也不会高,除非从舆论上、财力上对这样的重新培训给予极大的鼓励。

(2)只增加新学科或更新旧内容的课程改革,要比课程组织结构方面改革成功的可能性更大,且更能持久;对全部课程进行综合或创造一种全新的结构体系来重新组织内容的改革,要冒很大的风险。

(3)无论进行哪种教育改革,都应尽可能得到教育界内部和教育界外部的支持。支持的因素越多,改革成功的可能性越大。这些内容因素包括行政人员、领导者、教师、学生、教育理论研究者。外部因素包括社会舆论、家长、法律机构、其他学术界等。

如果只有教育内部的支持而无外部支持，改革的过程中就要花极大精力去克服相当多的困难和障碍。

（4）任何一种教育改革方案，如果缺乏传播和推广它的手段，便会半途而废。在某所学校中进行的改革，如果没有一种推广它的计划，那么，不管这项改革受到多么高的评价，它既不可能得到广泛的实施，从而具有普遍意义，也不可能持久地坚持下去。

（5）认识负担的轻重是影响改革成果持久性的一个重要因素。所谓"认识负担"指的是一项改革方案所要求人们重新学习的知识和方法的总量。如果认识负担较轻，不需要参加改革的人员去学会很多新东西，那么这样的改革就比认识负担重的改革更能持久。

（6）如果国家积极参与改革，并用立法的形式保证学校改革活动的正常程序，那么改革成功的希望就会增加。

（7）各国课程改革中有一个普遍现象：往往都是从理工科等那些线性学科开始，文科相对迟缓一些。

（8）企图对学校管理结构进行全部或大部分的改革，这种努力很可能得不到成功。

（9）那种增加教育层次或扩展教育服务范围的改革（比如设立为地方服务的新的学院），较之那种普遍改变管理组织的改革（比如学分制的推行），更可能持久。

（10）任何一项改革都可以从不同的源泉产生出来。既可以来自专业人员、社会团体、政府等等，也可以来自教育研究本身。但就改革的持久性而言，来源的不同所起的作用，远不及改革所得到的支持的多寡和该项改革对学校教职工和干部的要求的多寡所起的作用大。换句话说，一项改革无论是从哪里发起，对该项改革的持久性都没有什么影响；而对这种持久性产生较大影响的，主要是该项改革所受到的支持的多少，以及这项改革对学校人士要求的多少。

第六章 高等教育体制和运行机制

世界万物皆有体，无体不能存在；有体必有序（制）来体现物与物，以及物的自身内部的联系与关系，从而在其运动变化中各自发挥应有的作用。高等教育作为一个社会体系，也莫不如是。

第一节 高等教育体制的含义和分类

高等教育是由多种类型、多种层次、多种形式和多种因素错综复杂地结合而成的统一整体，其中教育体制是整个高等教育的主干和基础。

一、高等教育体制的含义

目前，对高等教育体制内涵的理解，众说纷纭。

一种看法认为，高等教育体制是高等教育体系和高等教育制度的总称。高等教育体系是指一个国家所确定的各级各类高等教育的地位及其相互衔接的系统。高等教育制度是指国家为了发展高等教育事业，为了各级各类高等学校实行有效管理而制定的各种法令、规定。这些法令和规定主要包括办学的规定、投资的规定、发展计划的规定和管理领导的规定。这些规定之间既相互联系，又各自形成体系。具体地说，有办学体制和办学中的投资体制、管理体制和领导体制等，这些具体体制的综合，就是一个国家的高等教育体制。

另一种看法认为，高等教育体制是高等教育体系与高等教育结构及其管理制度的科学组合，其中教育体系是指教育层次，教育结构是指层次与学科之间的比例。这种看法认为高等教育体制改革应包括从宏观到微观，既相互联系，又各有内涵的两个方面，它们之间是相辅相成的。其目的在于处理好高等教育与社会、经济发展的关系，以适应经济建设与社会发展对人才的广泛需求。

还有一种意见认为，从一般体制的含义来看，高等教育体制应该是高等教育领域中由机构设置、隶属关系和管理权限，以及各种有关法规制度所形成的相对稳定的模式。这种模式受一定社会政治、经济所制约，并与一定的教育理论、科学技术、民族特点和历史传统影响相关联；它反过来又对一定的政治、经济及与这种政治、经济相联系的各种因素有着巨大的影响和推动作用。

这些看法虽有交叉，却有相近或相似的地方，都有着合理、正确的成分。我们认为，那种把高等教育体制当作是教育领域中由机构设置、隶属关系和管理权限，以及各种有关的法规制度所形成的相对稳定的模式，是比较符合系统论和结构理论观点的。

高等教育体制是指高等教育事业的机构设置和管理权限划分的根本性制度，即一个国家在一定政治、经济制度和科技发展水平基础上，建立起来的教育事业的办学体制、经费体制、管理体制等相对稳定的教育模式，主要是高等教育内部的领导制度、组织机构、职责范围及其相互关系，涉及高等教育事业的管理权限的划分、人员的使用和对教育事业发展的规划和实施，也涉及高等教育结构各个部分的比例关系和组合方式。

二、高等教育体制的内涵

高等教育体制主要包括高等教育的管理体制、计划体制，以及高等学校的办学体制、内部管理体制、领导体制、投资体制等。

（一）管理体制

高等教育管理体制主要指高等教育管理机构的设置和管理权限的划分等一整套领导管理制度。

（二）计划体制

计划体制是高等教育体制的重要组成部分。国家凭借计划体制对高等学校实行计划管理，是为了实现以下计划目标：第一，根据高等教育要同国民经济和社会发展相适应的原理，正确进行宏观教育计划的决策，也就是决定高等教育发展的战略，包括发展的目标、规模、重点和速度；第二，从宏观上控制与调节高等教育的各种重大的比例关系，保证高等教育有计划、按比例地协调发展；第三，搞好高等教育发展，对于师资、校舍、经费、设备等办学条件进行综合平衡。

（三）办学体制

办学体制包括各类高等教育应由谁来投资办学，包括高等教育的层次、结构和办学形式等内容。高等教育办学体制确定得是否合理完善，不仅关系到高等教育事业发展的规模和速度，而且直接关系到为社会培养专门人才的数量和规格。

（四）领导体制

高等学校的领导体制是高等学校内部领导和管理的根本制度。它规定高等学校由谁来领导和实现领导的组织原则，确定学校组织机构的职责。公立学校的领导体制，一般由国家教育立法或最高教育行政部门规定，私人、集体或团体所办学校的领导体制，由办学机构根据不同情况决定。由于学校教育受政治、经济所制约，因而不同历史时期在高等学校领导体制上有不同的反映。

（五）内部管理体制

高等学校内部管理体制是指高校内部人、财、物管理中心的机构设置、隶属关系和管理权限。目前我国普通高等学校所进行的校院系三级管理改革和人事分配制度改革都属于高等学校内部管理体制改革的内容。

第二节 外国高等教育体制简析

世界上工业发达国家所创办的近现代高等教育历史比较早，同时，由于生产力的发展和科学技术的进步，其高等教育发展也有较高水平。它们的高等教育体制，自然在很大程度上由各国的经济体制所决定，并在长期的社会实践中建立了与该国经济发展相适应的人才培养与管理制度。为促进我国高等教育体制改革，本节对美国、日本、德国高等教育体制做一简单介绍，以资借鉴。

一、美国高等教育体制的特点

美国高等教育体制，在宏观方面表现为自由化，在微观方面表现为多样化。高等学校属于独立的办学实体，大学自治的思想占主导地位，坚持以教学、科研为中心。

第一，在宏观上，外部对高等学校的管理实行地方分权的管理体制，中央政府不直接掌握管理高等教育的权力，也不直接干预教育事业。其具体特点如下：①联邦政府过去相当长时期不设管理高等教育的行政部门；②中央与地方教育行政部门的关系，不是领导与被领导的隶属关系，而是指导与协商的关系，中央间接影响高等教育事业；③中央或地方对高等教育不是计划领导，而是靠市场调节；④高等教育行政独立，不从属于一般行政，高等学校是独立的办学实体；⑤教育经费主要由州政府拨款或高等学校自己筹集；⑥在课程设置、教材选择、教育方法等方面，国家一般没有统一标准，多由高等学校自己决定；⑦教师由高等学校自行聘用；⑧国家不负责毕业生的分配等。

第二，在微观方面，高等学校的内部管理实行理事会领导下的校长负责制。公立大学实行理事会领导下的校长负责制；私立大学实行董事会领导下的校长负责制。

以伊利诺伊州为例，大学的理事会成员，多数由州认命，有的通过选举产生，理事会（或董事会）是大学的最高权力机构。高等学校实行理事会（或董事会）领导下的校长负责制，分级负责（一般分校级、学院级和系级三个层次）。在理事会领导下设有教授委员会进行民主管理。校长下设第一副校长（兼教务长）及分别负责考勤、财务、学生工作的副校长。

第三，高等学校以教学科研为中心，重视提高教育质量。各校尽管对学生入学前的水平要求不同，但对学生毕业要求十分严格。社会中介组织经常对每所大学进行质量检查。校际组织的质量检查团有权评定学校优劣，可以对不合格的专业提出撤销意见。学生入学后的淘汰率较高，有的名牌大学达到25%。

教师在学校必须进行科学研究，没有科研成果不能晋升为教授。高年级学生也必须参加某些科研活动，否则，也不能录取为博士研究生。

第四，实行多种形式，多种层次办学。

高等学校是个独立的办学实体，有自己明确的培养任务和不同的办学特色。

第五，教师实行聘任制，学校对教师的管理有明确而严格的要求。

教师职位出现空缺时，通常实行登报招聘，然后由系教授委员会审核，由系主任同意后提交教务长和校长审批，有的还要经董事会最后审定。各校对教师质量要求都很严格，对好的教师不惜重金聘请。平时对教师的教学工作量、科研任务和社会服务都有明确要求，达不到要求的要解聘，好的教师则予晋升。

第六，教育投资多元化。

美国大学的经费投资来自多种渠道，州政府的教育投资占公立大学年经费的60%以上，其他经费靠学费、捐助和科研有偿收入等。私立大学的经费来源，一靠财团投资；二靠收学费；三靠私人捐；四靠科研有偿收入。

二、日本高等教育体制的特点

日本高等教育体制，在宏观上，表现为中央与地方合作的管理体制；在微观上，表现为以校长、副校长为主的责任制；在招生方面，国立大学实行统一考试，采取预试和复试相结合的办法，要求严格，大学教学强调培养开拓型和经营型人才。

第一，在宏观上，实行中央与地方合作的管理体制。日本在第二次世界大战以前，教育体制是中央集权制，文部省有很大的权限。战后日本对教育体制进行了改革，以美国为榜样，实行地方分权制。但是实行这种制度以后，出现了许多矛盾，于是1956年又一次进行改革，才出现了中央与地方合作的高等教育体制。其具体特点有以下几个：①中央一级没有管理高等教育的行政部门；②中央只掌管一部分地区高等教育或只掌管一部分高等教育的权限，而另一部分高等教育事业由地方政府管理；③中央文部省主要以法令、规定和通知的形式管理高等教育；④教育经费由中央和地方按一定比例分担；⑤大学具有一部分自治权。

第二，在微观上，高等学校内部实行以校长、副校长为主的责任制。日本政府对高等学校采取"支持而不控制"的管理原则,在财政上对大学给予支持,但在教学和科研的管理方面给大学以独立自主的权力,大学成为独立的办学实体。日本政府在高等教育改革中,一方面保留了"教授治校"的大学自治传统,设"教授会"和"评议会",学生的入学、退学、休学和毕业等重大事宜均由教授会讨论。评议会应大学校长的要求,商议大学一切有关重要事项。另一方面又吸收校外"有识之士"组成"参与会",参加大学管理。目前,日本政府通过《筑波法》的实施,进一步加强了校长负责制和参与会的作用。

第三,实行"协作型"的管理体制。日本政府文部省将一些重大科研项目,如原子能、宇宙开发、海洋开发等,均由国家垄断交给大学,研究机构与企业协作研制。日本政府提供的科研经费主要用于国立大学承担国家科研项目部分。各种社会、私人组织和个人提供的科研经费主要用于私立大学和承担合同项目部分。

三、德国高等教育体制的特点

德国高等教育体制,在宏观上,实行地方分权的教育管理体制;在微观上,实行以校长为轴心的"共同体"。大学是个相对独立的办学实体,科研管理体制是"竞争型"的,高等学校实行教学、科研和生产一体化,注重对学生能力的培养,教学质量高。

第一,高等学校属于相对独立的办学实体,实行地方分权的高校管理体制。

德国联邦政府成立有教育和科学部,政府不直接管理高等教育,大学主要由州来办。大学是相对独立的大学实体,主要表现为以下方面:①联邦政府教育和科学部有权提出关于高等教育立法的建议,但涉及有关大学内部事务,必须征求有关大学的意见;②有关高等教育行政权和立法权均由各州管理,州除对各大学除财务进行最小限度的监督外,并不干预学校的内部事务;③大学在课程设置、科学研究、教学方法和内部组织等方面,有充分的自治和自主权。

第二,高等学校内部实行以校长为轴心的"共同体"。

大学内部管理以校长为轴心,决策组织是大评议会和小评议会,以及教师委员会、院系领导等,形成一个以校长为轴心的"共同体"来管理大学。大评议会是学校的最高权力机构,其成员以正职教授为主体,其主要职责是选举校长,校长是从有威望的教授中选举产生的。大评议会还设若干名副校长协助校长分管教学、科研、财务等有关方面工作。小评议会以校长、副校长、院长、教授代表为主体,任务是商讨学校的日常行政工作。教师委员会是学术性的咨询机构。大学下面分若干学院,学院下设若干学系,每个学院各自制定课程纲要,规划教学活动。

第三,大学的科研体制有分散性和竞争性的特点。

高等学校科研经费来源于联邦政府、州政府、私营企业、垄断组织和银行等渠道。

科研管理还有如下特点：①教师既搞教学又搞科研；②教学与科研人员有分工；③教师轮流进行教学和科研，每年轮换；④各大学之间分工合作，有的侧重教学，有的侧重科研；⑤有的尝试在大学以"学科专业区"代替原来的院系和研究所等。

第四，多层次、多种形式办学，大力发展职业技术教育。

第五，高等教育经费来源多渠道。

大学的经费来源：①由于大学是各州办的，其60%～70%的教育经费由州政府拨款；②联邦政府根据规定，对大学提供一些经济补助，如对大学拓建和新建投资，联邦教育和科学部给予50%补助，其他部分由州政府筹措解决；③收学费；④捐款；⑤科研有偿收入等。

第三节 我国高等教育体制

一、我国高等教育体制的沿革

中华人民共和国成立初期，我国实行中央集权的高等教育体制。当时对高等学校的管理强调集中统一，主要由教育部和国务院各部委直接管理。1950年7月28日，中央人民政府政务院做出《关于高等学校领导关系问题的决定》，强调"全国高等学校以由中央人民政府教育部统一领导为原则"，并决定"中央人民政府教育部对全国高等学校（军事学校除外）均负有领导的责任，各大行政区人民政府或军政委员会教育部或人教部均有根据中央统一的方针政策，领导本地区高等学校的责任"。1953年10月11日，政务院又公布了《关于修订高等学校领导关系的决定》，强调中央人民政府高等教育部必须与中央人民政府各业务部门密切配合，有步骤地对全国高等学校实行统一与集中的领导，并对各高等学校的直接管理工作做了明确的分工，如综合性大学、多科性工业学院由中央高等教育部直接管理；单科性学院可委托有关业务部管理；某些暂时直接管理有困难的高校，亦可委托所在大区或当地政府管理。

国家对高等学校实行集中统一领导，虽然有利于加强宏观管理，但是影响了两个积极性。一个是地方办学的积极性；另一个是学校自身的办学积极性。

1958年4月4日，中央下发了《关于高等学校和中等技术学校下放问题的意见》，要求"除了少数综合大学，某些专业学院和某些中等技术学校仍由教育部或中央有关部门直接领导以外，其他的高等技术学校都可以下放归各省、市、自治区领导"。1958年8月4日，中共中央国务院又颁发了《关于教育事业权力下放问题的规定》，强调"必须改变过去条条为主的管理体制"和"加强地方对教育事业的领导管理"，并且规定"过去国务院或教育部颁发的全国通用的教育规章、制度,地方可以结合当前工作发展情况,因地制宜、因事制宜地决定存、废、修订,或者另外制订适合于地方情况的制度"。根据中央的上述规定,教育部会同有关部门,将原来由中央领导的229所高等学校中的187所和绝大部分中等专业学校先后下放归省、市、自治区领导。

从1958年到1963年,我国高等教育体制强调权力下放、分散管理,高等学校主要由省(自治区、直辖市)直接管理,调动了地方办学的积极性,促进了高等教育与本地区经济发展的有机结合。存在的问题是宏观管理有所削弱,教育投资,特别是基建投资明显下降,高校自身的活力问题基本没有涉及。

在总结前两个时期经验教训的基础上,确定了统一领导分级管理的体制。1963年5月21日,中共中央国务院颁发了《关于加强高等学校统一领导,分级管理的决定(试行草案)》,明确指出"为了加强对高等学校的领导和管理,中共中央和国务院决定对高等学校实行统一领导,中央和省(自治区、直辖市)两级管理的制度",并对两级如何分工管理做出了具体规定。1979年9月,中央重申并进一步明确了统一领导、分级管理的两级教育管理体制。

根据分级管理的原则,我国普通高等学校的行政隶属关系可分为三种情况:面向全国的多科性、综合性和具有代表性的高等学校,由教育部主管;主要为全国某个业务系统服务的高等学校,由中央有关业务部门主管;主要为省(自治区、直辖市)市服务的高等学校,由省(自治区、直辖市)教育厅(局)主管。

成人高校的管理体制与该校所在单位的行政主管系统相同。

二、我国高等教育体制的改革

1985年6月前实行的高等教育体制,对于我国高等教育事业的发展起了积极的推动作用。随着我国社会主义现代化建设的发展和经济体制、科技体制的改革,上述体制已不能适应社会主义现代化建设的需要。其主要弊端表现在:一是权力过于集中,中央及有关业务部门对高等学校统得过多、包得过宽、管得过死,使高等学校缺乏应有的办学自主权和适应社会需要的活力;二是条块分割,部门所有,自成体系;三是管理权力交叉,使国家对高等教育的宏观管理失控,地方无法进行统筹。

1985年5月,《中共中央关于教育体制改革的决定》(以下简称《决定》)的出台为我国高等教育体制改革指明了方向。《决定》明确指出:"当前高等教育体制改革的关键,就是要改变政府对高等学校统得过多的管理体制,在国家统一的教育方针和计划的指导下,扩大高等学校的办学自主权,加强高等学校同生产、科研和社会其他方面的联系,使高等学校具有主动适应经济和社会发展需要的积极性和能力。"文件中除提出了高等教育发展的战略目标,以及调整高等学校的科类和层次结构的意见以外,主要强调了招生计划、毕业生分配制度改革和扩大高等学校的办学自主权,文件还提出实行三级办学的新体制。为了调动各级政府办学的积极性,实行中央、省(自治区、直辖市)、中心城市三级办学的体制。中央部门和地方办的高等学校,既要优先满足主办部门和地方对人才的需要,又要发挥潜力,通过委托培养等多种形式,为其他部门和单位培养学生,积极倡导部门、地方之间的联合办学。

自党的十四大确定我国经济体制改革的目标是建立社会主义市场经济体制以来,高等教育体制改革迈出了新的步伐。1993年2月13日,中共中央国务院印发了《中国教育改革和发展纲要》(以下简称《纲要》)。《纲要》指出,在90年代,随着经济体制、政治体制和科技体制改革的深化,教育体制改革要采取综合配套、分步推进的方针,加快步伐,改革包得过多、统得过死的体制,初步建立起与社会主义市场经济体制和政治体制、科技体制改革相适应的教育新体制。

进行高等教育体制改革,主要解决政府与高等学校、中央与地方、国家教委(现改为教育部)与中央各业务部门之间的关系,逐步建立政府宏观管理、学校面向社会自主办学的体制。

改革办学体制。改变政府包揽办学的格局,逐步建立以政府办学为主体、社会各界共同办学的体制。在现阶段,基础教育应以地方政府办学为主,高等教育要逐步形成以中央、省(自治区、直辖市)两级政府办学为主,社会各界参与办学的新格局;职业技术教育和成人教育主要依靠行业、企业、事业单位办学和社会各方面的联合办学。积极发展民办高等教育,开展中外合作办学。

改革高等学校的招生和毕业生就业制度。改变全部按国家统一计划招生的体制,实行国家任务计划和调节计划相结合。改革学生上大学由国家包下来的做法。实行收费制度,改革高等学校毕业生"统包统分"和"包当干部"的就业制度,实行少数毕业生由国家安排就业、多数由学生"自主择业"的就业制度。

改革对高等学校的财政拨款机制,充分发挥拨款手段的宏观调控作用。改革按学生人数拨款的办法,逐步实行基金制。在国家和地方预算下达的教育经费之外,学校可依法筹集资金。

积极推进以人事制度和分配制度改革为重点的学校内部管理体制改革。在合理定编的基础上,对教职工实行岗位责任制和聘任制,在分配上按照工作业绩拉开差距。

学校的后勤工作,应通过改革逐步实行社会化。

我国高等教育管理体制改革和布局结构调整工作又迈出了新的步伐,遵循"共建、联合、调整、合并"的方针,使高等教育体制改革和布局结构调整工作取得了突破性进展。

改革的总目标是以共建、合并等联合办学为主要形式,强化和改变学校单一的隶属关系。由"条块分割"转变为"条块有机结合",优化资源配置,扩大学校投资渠道，适当调整学校服务面向，逐步建立起布局结构合理、学科门类齐全、规模效益好、教育质量高、适应社会主义市场经济体制和现代化建设需要的面向21世纪的高等教育体系。

第四节　高等教育的运行机制

我国经济体制改革的目标和模式，是建立社会主义市场经济体制。而转换经营机制是深化经济体制改革，适应社会主义市场经济需要的关键。为适应社会主义市场经济体制发展的需要，我国的高等教育也必须进行以转换运行机制为重点的体制改革。也就是说，高等教育体制改革的关键在于转换运行机制。体制是机制的载体，机制是体制的灵魂。所谓机制，概括地讲，泛指系统构造和运行原理，即系统的作用功能。高等教育运行机制，就是指高等教育系统的组织或各部分间作用的过程和方式，即高等教育系统的运作功能。因此，探索和研究高等教育的运行机制，无论是当前进一步深化高等教育体制改革，还是对今后高等教育的顺利发展，都具有重大的理论指导意义。

一、西方发达国家高等教育的运行机制

西方发达国家很早就实行了市场经济体制，各个国家的市场经济模式和高等教育体制虽然有所不同，但它们都努力根据自己的国情和传统，试图以自己的方式处理好市场、社会、政府与高等学校的关系，形成了大致相同的高等教育运行机制。就宏观而言，市场启动了高等教育的运作，国家通过宏观规划予以调节和干预，并以立法给予保障，同时政府运用政策、决策和经济手段加强对高等教育运行的控制；就微观而言，高等学校拥有一定的办学自主权，但要使其内部管理科学、民主、开放，还必须有师生的参与和社会的监督。

西方发达国家高等教育运行机制虽然具有较长的历史，然而也在不断地改革，甚至在当代世界教育界出现了一个十分有趣的现象，无论东方和西方，都在讨论一个共同的问题，即是否可以和如何在教育运行机制中引入竞争或市场机制。因此，本节介绍西方发达国家高等教育的运行机制，其目的在于借鉴西方发达国家的经验并吸取教训，以便促进我国高等教育改革快速发展。

由于政治、经济、文化和传统方面的差异，西方市场经济各国的高等教育运行机制都不尽相同。但从总体上看，其高等教育运行机制的组成大致相同。

（一）市场启动

西方发达国家的高等教育运行机制虽然不能完全称之为市场机制，但是市场启动了高等教育的运行。先前，在这些国家，劳务市场在直接或间接地控制和影响义务后教育的数量与质量。一般的中学毕业生，选择学校时首先要考虑的就是该校的教育质量、学校文凭的声誉、在未来劳动市场上的就业前景等，然后决定去向，学生的选择将最终影响学校的兴衰，对于绝大部分私立学校尤为如此。

以美国为例，其高等学校的专业设置和招生虽然也在一定程度上受到政府的宏观调控，但主要还是高等学校主动接受市场调节，因此美国的高等学校向来十分注意调查、分析和预测社会政治、经济和科技的发展趋势，以及市场对人才的需求，以便及时调整自己的办学方向。办学经费筹措是启动和调控高等教育运行的一大举措。实现高等教育经费来源的多样化，是许多国家发展高教事业的有益经验。高等教育的总经费中，除了政府的拨款外，还有学生的学费、社会的捐赠、学校产业的收入和科研有偿收入等等，市场启动发挥了重要的作用。

（二）计划调节

在西方市场经济国家高等教育的运行中，市场的启动和调节发挥了很大的作用，然而，市场的作用是自发、无序的。政府（中央和地方的）还必须给予必要的调控干预，计划调节是其重要手段之一。

战后各市场经济国家纷纷尝试加强高等教育的计划工作，以国家宏观计划主动引导市场力量，协调国家与地方、与大学的关系，平衡各利益集团对高等教育的制约，使国家宏观计划成为高等教育市场调节的一个辅助方式，减少市场对高等教育产生的自发消极作用。由于西方各市场经济国家在经济管理体制和高等教育体制上的差异，其国家高等教育计划活动的方式也有所不同。实行中央和地方分权与合作体制的英国，其教育和科学部虽有计划功能，但工作断断续续，倒是许多官方或半官方的研究小组和咨询团体在持续不断地研究和预测高级专门人才的未来需求变化，并设计相应的高等教育计划。美国是一个地方分权制的国家，联邦政府不负责制订高等教育发展计划。但是在战后，美国出现了在州一级加强高等教育计划与协调的趋势，如加州会议于1959年通过决议，责成有关单位制订高等教育总体规划，加州高等教育得到了迅速的发展。

西方市场经济国家的计划调节还体现在选择战略重点、采取战略措施、协调总体规模、发展速度和学校布局方面。20世纪50年代后期，世界经济合作组织还正式确定了15年内实现高等教育大众化的目标，到70年代中期，多数西方发达国家达到了这一目标。

从西方发达国家的实践来看,在市场经济条件下,计划调节的确已成为这些国家高等教育运行的一个机制,但是具有协商性、指导性、灵活性等明显的特征。

(三)立法保障

在西方市场经济国家高等教育运行机制中,高教立法与法规监督是不可或缺的一个组成部分,它不仅对高等教育的发展起着定向和促进的作用,而且发挥了保障和监督的功能。

西方发达国家高等教育的法制历经数百年的建设,已日臻完善,既有单行法规,又有高教基本法;既有部门法典,又有宪法;既有国家法规,又有地方法令;既有立法,又有法规监督,再加上高等主管部门行政条例,共同构成一个完整、系统的法律体制。这些法规和条例对政府管理高等教育的权力和行为,对高等教育机构的设置和管理,对税收、免税和高教经费的核拨,乃至校舍的土地的作用等都有原则的规定。另外,对已颁布的法律实行有效的监督还是西方发达国家以法治教的重要一环。其高教法规的监督机制包括在高教法规中明确规定"监督",依法设立监督机构,同时严格执行,实施司法监督、审计监督、社会及新闻媒介监督。

(四)决策影响

20世纪50年代以来,发达国家为了恢复和振兴经济,加速产业科技化的进程,各国政府通过决策采取有力措施推动高等教育的发展。例如,美国政府通过了包括《国防教育法》在内的一系列政策法令,增加教育投资,设立各种基金、奖学金、助学金及低息贷款,促进高等教育的发展,从而保证了美国在科技等方面的领先。

日本政府为改变其高教层次只有研究生和大学本科的状况,于20世纪50年代增设短期大学,60年代增设高等专科学校,70年代增设专修学校的专门课程,使其高教层次由两层发展到三层,进而在研究生之后又设立博士后。同时,日本政府还针对本国高等教育存在重文法、轻理工的现象,通过有计划地增招理工科生,调整了学科结构。

从20世纪70年代末至今,为提高高等教育的质量和科研水平,各国政府的干预机制发挥了明显的作用。联邦德国1983年高等学校科研费用约72亿马克,占其国家拨款总数140亿马克的一半以上,主要开展数学、自然科学、工程学、人文科学方面的基础研究。美国于1984年制订了科学基金、青年研究人员奖金计划,以吸引青年哲学博士在大学工作。翌年,美国的国家基金会又制订了一个建立工程方面跨学科研究的大学中心计划,旨在加强工程方面年轻优秀研究人才的培养。

西方发达国家对高等教育的干预还表现在通过政府的决策及其他措施,从国家的利益出发,坚持教育的政治方向,美国国会1958年通过的《国防教育法》即是一例。此外,还表现在通过政府的决策以及其他措施,促使大学之间加强教育科研方面的合作,沟通大学、科研单位和企业之间的联系等方面。

（五）经费控制和来源多元化

高教经费来源多元化和对主经费进行控制是西方发达国家高等教育运行的一大机制。通过这一机制，既能保证高等教育系统稳定运行，又能刺激高等教育的不断革新和发展。

首先，发达国家教育经费来源多元化。美国公立大学教育经费的渠道主要有四：一是政府拨款，占教育经费的60%～70%；二是靠学校收学费，约占总经费的20%；三是个人捐赠，约占经费的10%；四是科研经费收入。德国与美国类似。日本的高教经费是国家与地方分担制，国立大学由文部省从国库支付；公立大学主要由地方（都、道、府、县）支付；私立大学，主要靠收学生的学费，同时政府对私立大学给予资助。从上述情况看，各国公立大学的教育经费主要由政府负担，同时又有多渠道来源。

经费核拨方式是发达国家政府运用经济杠杆宏观调控高等教育的重要手段。法国采用直接核拨的方式，经费由中央当局负责分配，所有的经费的决策都是中央决策的具体化；英美等国，则采用间接核拨的方式，经费由中央政府通过中间机构分配给学校，或者政府将分配经费的权力下放给由专业人员组成的中间组织，由他们全权决定分配事宜。尽管这些国家政府核拨高教经费的方式有所不同，但由于分配经费的最终权力掌握在国家当局的行政官员手中，有助于政府对高等教育实施宏观调控，使学校、各地区的高等教育保持平衡发展。

（六）社会参与和监督

在西方发达国家中，社会力量（社会团体、知名人士、家长和学生代表等）通过各种咨询委员会、评估机构、董事会等形式参与高等教育的决策和管理，发挥咨询和监督的作用，已成为高等教育运行机制的重要组成部分。

（七）高等学校自主办学

在世界近年来的改革中，凡是传统上强调中央集权和严密控制的国家，一般都在扩大高等学校的办学自主权；凡是传统上强调大学自治和教授治学的国家，一般都在加强政府的管理和宏观的调控，但仍然给予高校以充分的办学自主权。各国对高等教育的宏观调控再也不排斥高校的自主权；而高校的办学自主权也不再是脱离政府宏观管理的自治。高等学校自主办学是在政府立法、计划调节、拨款调控、市场推动各个运行机制的制约下发挥作用的。高等学校的活力正是来自政府、市场、社会的压力、推力、引力和学校有限自主权的作用。

（八）师生参与和民主管理

激烈的市场竞争使高校的决策必须尽可能科学，高深的学术管理也必须依赖师生的参与，所以，西方发达国家无论实行何种管理体制，都要求高校尽量完善科学的民主决策机制，以便实现自我激励、自我约束和自我发展，师生参与和民主管理已经成为这些国家高等教育运行机制中的一个有机组成部分。

各国高校校级管理体制，大体上可分为委员会制和一长制两种类型。一长制可以日本高校为典型，集权程度较高，校长是学校的办学法人，负责本校的一切事务。为了避免出现个人独断专行现象，日本等国的高校都注意发挥在校长主持下的各种咨询、审议或监督机构的作用，如评议会和教授会。

委员会制以美国高校为代表，除董事会、理事会之外还有评议会。评议会是学校的学术管理专门机构，下设议事委员会、学术政策委员会、教师发展委员会、调查委员会等。评议会由学校各单位教师代表组成，规模较小的院校评议会由全体教师组成。近年来，美国高校的评议会成员逐步增加了行政管理人员和学生代表。师生参与和民主管理已经成为美国高教管理的一个显著特点和运行机制。

二、我国高等教育运行机制及改革

高等教育体制改革在我国高等教育改革中处于关键的位置，而机制的转变才能使体制改革产生效果。因此，高等教育运行机制的改革在整个高等教育改革中具有十分重要的作用。

（一）我国高教运行机制的弊端

我国的高等教育体制是在长期实行高度集中的计划经济体制背景下形成的，是一种建立在国家集中计划和政府直接管理基础上的体制。

这种运行机制在历史上为我国的计划经济体制的发展做出了重要贡献，起过积极作用。但随着社会的发展和经济体制的改革，其弊端越来越明显。

首先，从高等教育社会大系统来看：一是机制运行主体是国家，高等学校只是政府的附属机构，没有自主权。一切由国家包揽、控制，实行以"行政—计划"为特色的运行机制，国家统一制订计划、统一招生、统一下拨经费、统一制定教学大纲、毕业生由国家统一分配，完全忽视了高等学校的主体地位。二是国家直接管理学校，高等学校与社会缺乏直接联系，因而使学校办学缺乏一种直接来自社会的压力和动力。三是调控手段单一，学校按上级文件办事，只对上级负责，系统内部条块分割，部门之间各自封闭，与外界缺乏信息反馈和能量交换。

（二）高等教育发展的困境

其一，高等学校完全被置于国家的直接控制之下，缺乏按社会和经济发展需要调节自身的条件和活力，结果使整个高等教育的规模、速度、结构、布局乃至人才的质量和规格都很难做到与经济社会协调发展。其二，单一的高度的中央集权制，把高等学校的办学权和管理权统置于国家的掌管控制之下。高等学校办学的动力和效益不能来自经济和社会发展的直接需要，从而丧失了主动适应社会的活力。其三，统一办学模式和结构的凝固化特征，难以随经济结构的变动和社会发展的需要及时地进行调整，各个高校办学模式雷同，人才成长缺乏个性。整个高等教育无论在人才培养的数量上、层次上，还是在学科专业结构和毕业生的社会适应性上，都难以适应社会主义现代化建设的需要。高等教育发展与社会发展需要相脱节，高等学校习惯于封闭式办学，习惯于单纯追求自我完善，这是在旧体制下高等教育运行机制造成的致命弱点。

（三）社会主义市场经济体制下的高等教育运行机制

高等教育运行机制的主体必须由政府转变为高等学校。

社会主义市场经济体制下的高教运行机制，分为宏观和微观两大部分。这两部分相互联系，但功能各不相同。

1. 高等教育宏观运行机制

社会主义市场经济体制下的高等教育宏观运行机制应由国家、高等学校、市场和社会四个要素组成。四要素之间是相互依存、相互联系而又相互制约的。

政府宏观调控。在社会主义市场经济体制下，政府应转变职能，由对高等学校的直接管理转变为运用立法、拨款、规划、评估、信息服务、政府指导和必要的行政手段进行宏观管理。通过立法使政府的管理权和高等学校的办学权分离，使学校真正成为面向社会依法自主办学的法人实体。

市场调节。在社会主义市场经济条件下，市场为高等教育发展提供动力源泉，有利于实现高等教育资源的优化配置。首先，人才市场的竞争对高校人才培养提出要求，促使高等学校建立起与社会需求相适应的人才培养机制，以"市场"作为社会的中介，还能把社会的需求信息反馈给高校，以此影响高等教育的规模、速度、结构和人才培养的质量。第二，市场经济的发展将促进高校和高校之间以及高等学校内部开展竞争，调动了各高等学校和教职工办学的积极性，同时也为高校内部改革提供了机遇。第三，市场经济的发展将促使高校教育体制发生改革，将会优化高等教育的资源配置。

同时，市场经济本身也存在唯利性、盲目性、自发性和多变性等弊端，会使高等教育出现短期行为。在办学过程中除必须遵循高等教育规律外，还应把市场调节和适当的国家干预结合起来。

社会参与。在社会主义市场经济条件下，应建立有教育和社会各方面专家参加的咨询、审议、评估等机构，建立董事会、理事会、产学合作委员会、社会中介等组织，参与高等教育的发展和高等学校的办学活动。这些组织机构是政府与市场、学校与社会之间相互联系的桥梁。在我国，社会中介组织还未发展起来，对高等教育的社会参与目前尚未形成体系和制度，其特有的功能也还没有得到充分发挥。因此，建立和完善社会参与体系，使其纳入规范化、法制化的轨道，是我国高等教育改革的重要内容。

高等学校面向社会自主办学，是高等教育宏观运行机制的关键因素。高等学校是高等教育大系统的主体，要使高等学校充满活力，必须解决高等学校面向社会依法自主办学的问题。《中华人民共和国教育法》规定，依法设立的学校及其他教育机构有"按照章程自主管理""组织实施教育教学活动""拒绝任何组织和个人对教育教学活动的非法干涉"的权力。按照这一原则，高等学校应在招生、专业设置、教学管理、科学研究、国际交流、机构设置、人员聘任、经费使用、资产管理等方面具有自主权。

2. 高等教育微观（高等学校）运行机制

高等教育微观运行机制是宏观运行机制的基础，高等教育的宏观运行机制必须通过微观运行机制方能正常运行。同宏观运行机制不同，高等教育微观运行机制虽然从总体上要受政治和经济的制约，但是它有自己的相对独立性，必须符合高等教育的规律。

高等教育微观运行机制，实际上就是高等学校的运行机制，由组织结构、人员构成、教育科研系统及任务目标四个方面构成。我国高等学校运行机制的改革目标是通过改革领导体制、办学体制、管理体制改革，逐步形成高等学校自主办学、自我发展和自我约束的竞争与协作运行机制。该机制是以人为中心的多层次结构，是一个开放系统。通过上级主管部门，接受政府的宏观调控；通过董事会、理事会、校友会等组织，密切同社会的联系，进行微观调控。

高等学校属于文化教育机构，在这种运行机制下，要协调好政治权力、行政权力、学术权力的关系。目前存在的问题是政治权力、行政权力过强，学术权力太弱，需要改善。

突出教师的主体地位。由教授组成的校学术委员会是学校的最高学术权威机构；以教授为主体的校务委员会对学校重要决策进行审议。

坚持以教学科研为中心。教学和科研工作是高等学校经常性的中心工作，重点大学既要把学校办成教学中心，又要办成科研中心。要求所有高等学校都要努力提高教育质量和科研水平。

重视对教育质量、科研水平的评估和信息反馈。高等学校应建立评估制度，对教学状态、人才培养质量和科研工作进行评估，及时反馈信息，以便学校做好教学科研和管理工作。

第七章　高等教育教学方法

第一节　关于教学方法的几个基本理论问题

一、教学方法的概念

教学方法的内涵有广义与狭义之分。广义的教学方法（一般称为教学法）是指为达到教学目的和完成教学任务所采用的途径和方法的总称，其中也包括教材编写方式、教学组织形式等。狭义的教学方法则是指在教学活动中，教师如何对学生施加影响、怎样把科学知识传授给学生并培养学生能力、发展智力，形成一定道德品质和素养的具体的手段。高等教育学中所说的教学方法，一般指狭义的教学方法。

教学方法与学习者的认识心理、情感意志有关，从而与学习者的学习方法有着密切联系，两者相互影响。但是教学方法和学习方法毕竟是两种相对独立的方法体系。在教学活动中，教师的教育影响是起主导作用的，因而是高等教育学的主要研究对象之一。而大学生学习方法的研究，则主要是大学生心理学、学习学和教育心理学的任务。本书所说的教学方法，即是指"教的方法"。

二、教学方法的归属

教学方法从其归属上看，究竟主要属于科学范畴还是主要属于艺术范畴？这是教育理论中一个一直没有定论的古老问题。历代教育思想家对此有不同的观点和说法。在当代教育实践中，在许多教师的思想中，可以明显看到或感受到把教学方法主要归于科学或主要归于艺术的两种倾向。这两种倾向无论对于教学实践还是对于教学方法改革的方向，都具有重要影响。例如在教学方法改革中，如果我们把教学方法主要看作是科学范畴，那么我们的改革方向就是如何使高校教学方法科学化，同时为此制定一些评价标准，并把改革着眼点放在推广那些"最优化的""规范性的"或"科学性强的"教学方法上。而如果把教学方法主要看作是艺术范畴，那么我们的改革方向就必然鼓励广大教师去创造性地结合自己学科、自己的特点形成各自独特的教学风格。显然，两种倾向各有偏颇：前者只强调了共性，后者则只偏重了个性。在教学方法归属问题上，不能用简单的方式去掂量科学与艺术孰轻孰重，这两者是一种辩证统一的关系，表现在以下几个方面：

（1）在教学方法中既有科学成分，也有艺术成分。在不同条件下，二者所起的作用可能会有所不同。但就性质而言，科学在其中属于主导或核心地位，而艺术则是这种主导、核心地位的外显形式。

（2）教学方法中的艺术是科学性基础上的艺术，脱离了科学的艺术，就如同无源之水、无本之木，会迷失方向。

（3）教学方法中的科学性必须通过艺术来体现，没有艺术体现的科学，无异于死板的教条，而且规行矩步，也难免引向格式化和陷入僵化。

（4）科学具有共性、普遍性和规范性，艺术则在于体现个性、特殊性和创造性。教学方法效果的好坏，取决于共性与个性、普遍性与特殊性、规范性与创造性相互统一的程度。

由此可以推知，高校教学方法的运用以及进行改革应遵循的一条原则是：使教师在掌握教学方法的共性、普遍性和规范性的原理和技能的基础上去追求个性、特殊性和创造性，而不是相反。俗话说，熟能生巧。用这四个字来比喻教学方法中科学与艺术的关系也许是贴切的。"熟"，即对科学原理、技能、规范的熟悉和掌握，"巧"则是在熟练基础上的创造性运用。不"熟"便谈不上"巧"，只"熟"而不能生"巧"，便是僵化刻板的表现。那些公认教得好的教师，必然都自觉不自觉地符合了教学方法使用的科学原理、规范和程序，然后才在此基础上发挥了教学艺术作用的。但在教师对科学原理、规范和程序熟练掌握的程度相同的情况下，教学艺术的恰当运用就成为提高教学方法使用效率的关键因素了。

三、教学方法的性质

教学方法本身有无优劣之分？这也是一个基本理论问题。在回答这个问题之前，不妨先做个简单的分析。

首先，一种教学方法由于教师所教学科内容不同，自身的能力、性格特点及所教学生的差异，使用效果就可能产生一些差别。这个差别有时是很大的。所以某些方法对于某门学科、某项内容、某位教师、某些学生来说，可能更合适，而对于另一些学科内容、另一位教师、另一些学生来说，可能就不那么合适。这是客观存在的。就此而论，无法断定某种教学方法是绝对优于另一种方法的。

其次，任何一种教学方法都有其自身的特定作用或功能。对于某个教学目标或教学环节来讲，甲方法可能较佳，而对于另一个教学目标或教学环节来讲，乙方法或许较合适。因此，某种教学方法的好与不好，只能相对达到教学目标时的作用和完成教学环节时的功能而言，不能笼统地将其划分优劣。

最后，在教学方法中，有些是传统的，如讲授法、讨论法等，也有一些是随着现代科学技术的发展才产生或完善的，如模拟法、程序教学法等。但同样是一种教学方法，却可以在不同的教育思想指导下使用而产生不同效果。传统方法若在正确教育思想指导下使用，可以发挥最佳功能，达到最佳效果；而现代教学方法若在不正确的教育思想指导下使用，效果必然不好。因此，不能从教学方法产生的时间上来对教学方法的"好"与"不好"做出判别，关键在于这种方法是在什么样的教育思想指导下使用的。

通过以上分析不难得出这样的结论：教学方法本身并无绝对的优劣；各自在教学活动中有着不同的功能和作用；关键在于是用什么教育思想来指导其使用的。这些结论对于高校教学方法的选择和使用的含义在于，应树立正确的教育思想观念，并熟练地根据教学目标、教学内容、教师自身个性以及学生个别差异等情况来选择最为合适的方法。

四、高等学校教学方法的特殊性

高等学校的教学方法从性质上说，由于其所依据的基本原理原则与普通学校教学方法是一致的，因而就方法自身而言，并没有什么特殊的地方。但由于高等学校实施的是专门教育，又是传授高深学问的场所，加上大学生身心发展的特点，因而在使用教学方法的过程中，表现出一定的特殊性。这种特殊性是由高等教育不同于普通中小学教育的特点所决定的。

根据高等教育是专门教育以及大学生身心发展这两个特点，可以看出，首先，高等学校的教学是处在社会发展和科学文化知识发展最前沿的，是在科学文化发展的过程中进行探索的。因此，高等学校教学方法一方面具有很强的专业针对性，另一方面具有探索性。其次，大学生在生理、心理上已趋成熟，他们不是简单地吸取知识和形成一般能力，而是要深入到科学文化发展过程中，掌握科学方法论和构成思想基础的方法。因此高等学校教学方法更接近研究方法。概言之，如果说高等学校教学方法与普通学校教学方法相比具有特殊性的话，那么这种特殊性就表现在明确的专业指向性及与科学文化发展过程和研究方法的接近性。

但是应当指出，就教学方法自身而言，有许多方法是普通中小学和高等学校共同使用的。在方法的功能、程序、步骤及使用它们的原则、条件等方面，是基本相同或相近的。人们之所以讲高等学校教学方法具有特殊性，实际上讲的是在使用同一种方法时，必须注意它所服务的目标以及其他各种制约和影响教学方法的因素与中小学的不同；以防止将中小学中使用同一种教学方法时的具体做法生搬硬套到大学中来。

以上简要地阐述了教学方法的4个基本理论问题，这些理论问题对于我们正确认识和使用教学方法都是很重要的，同时也有助于教学方法的研究者更好地把握教学方法的本质，并据此研究新的教学方法。

第二节　制约教学方法选择的因素

在整个教学过程中，教师对教学方法选择得是否合适，是影响教学质量的一个重要方面。要明智地、恰当地选择教学方法，首先必须了解制约教学方法选择都有哪些主要因素，在此基础上，通过深思熟虑和精心的工作，才能得到较好的效果。

制约教学方法选择的因素十分复杂，有些比较明显，有些则十分隐蔽；有些制约作用很大，有些则影响较小；有些比较间接，而有些很直接。迄今为止，还不能说对这些因素已经很清楚了。但多年的实践确已积累了大量经验，把这些经验加以归纳整理，可以找出一些比较主要的制约因素。按照这些因素与教学过程之间的关系和影响的方式，可以分为外部因素和内部因素两个因素群。下面分别加以阐述。

一、外部因素

制约高等学校教学方法选择的外部因素主要包括3个大的方面：①社会生产力、科学技术的发展水平；②经济、政治制度与体制；③文化传统。

（一）社会生产力、科学技术的发展水平

这一外部因素对高校教学方法选择的制约作用主要表现在两个方面。一是制约教学方法的硬件或外壳，对同一种教学方法的效果或效率产生重要影响。例如，同是演示法，高效能的电影、电视、录像设备，显然要比低效能的幻灯效果好。在讲授中使用粉笔与使用一定的电教辅助手段，其效果通常也是不同的。生产力、科学技术水平的不断提高，在教学方法自身的功能、特性上发生的这些变化，使教师在选择教学方法时增加了一种参照系，使有些本来用甲种方法来达到教学目标的打算很可能被用乙种方法的打算所替代。如有些实验法可能部分地被高水平的直观录像演示所替代，现场操作被模拟方法所替代，等等。这一制约因素对教学方法选择的含义在于，作为大学教师，应随时关注新的教学硬件的功能变化及使用它的可能性，不断提高教学方法本身的效能。

另一个方面可称作教学方法的软件或内核。它是指随着生产力、科学技术的发展而产生的新的教学方法。如随着计算机技术的发展而产生的模拟法，随着心理科学对潜意识研究的深入而产生的暗示教学方法和对人的思维定式研究而产生的"头脑风暴

法"等，就是很好的例子。新的教学方法的产生使教师在选择教学方法时有了更大的余地，也使教学方法体系自身功能不断地充实、完善。对此，大学教师也应有足够的认识。为接受新的方法而不断学习，并为此做好心理上、知识上的准备，应是大学教师的一种责任，也应是教学方法改革的一项重要任务。

（二）经济、政治制度与体制

一个国家的经济、政治制度对高校教学方法选择的制约和影响作用，通常是通过上层建筑、意识形态的折射来实现的，而"政治是经济的集中表现"，因此，政治制度以及由它派生出来的一系列意识形态、法律和带有政治色彩的各种强制因素，都有可能在高校教学方法选择上产生重要影响。从大的方面讲，民主政治和独裁政治对学校的要求显然不同，如法西斯独裁政治对待高等教育，主张完全采用单向的、强制的方法，几乎排斥了一切协商式的、讨论的方法；而民主制度本身就反对单向注入式而以民主讨论作为其达到意见一致或相互协调的手段。这对高校教学方法的选择无疑会产生制约作用。我国主张社会主义民主政治，因而在整个教育过程中，都体现出方法上的多样化、和谐性。不过这种制度与体制上的影响作用也不是绝对的，其特点是通过某种意识形态或政治手段对高校中教学方法的选择产生影响。这中间的一些机制尚待进一步研究。

（三）文化传统

经济政治制度与体制通过意识形态的、上层建筑的折射对高校教学方法的选择产生影响和制约，往往与文化传统的制约和影响交织在一起发生作用，有时很难区别。二者的区别主要在于，文化传统的影响不带有强制性，是一种自发的、积淀在人们头脑中的习惯势力。它有时与社会经济政治制度和体制以及由此产生的上层建筑、意识形态相一致，有时则与之相左或不大一致。

文化传统是一个含义较为广泛的概念。因而其对高等学校教学方法选择的制约和影响作用也就显得格外广泛和难以捕捉，有时既影响到教学方法的选择，也影响到对所选择的教学方法的理解和运用。对师生关系、教学与科研的关系的不同认识，民族个性、指导思想上的差异，地域文化的特质等，都会在大学教师的思想观念深处打下烙印，从而影响教学方法的选择。仅以哲学思想为例，人本主义与科学主义在教学方法选择上就显示出观点上的差异：程序教学方法是科学主义所提倡的，而人本主义则认为这种方法会扼杀人的创造力，也不符合人的本性。不过，文化传统对教学方法选择的影响远不及其对教学方法运用所产生的影响广泛，只是后者的研究目前不那么受人重视罢了。

二、内部因素

比起外部因素来，内部因素对教师选择教学方法有更明显的影响，也是教师进行有意识的教学方法选择工作的主要参照。

对教学方法选择具有制约和影响作用的内部因素大致可分为直接与间接两部分。间接因素包括根据教育目的而制定的各专业培养目标；根据教育理论和社会需要而制定的教学原则；对学生学习的规律性的认识；教师对师生关系、课堂气氛的理解等。这部分因素与外部因素纵横交错在一起，常常不易分清楚。其区别主要在于，内部因素往往是教师主观上自觉地认识到的，并在选择教学方法时作为参照，而外部因素常常是不易自觉地加以考虑和参照的因素。

内部因素中的直接因素主要有这样几个：教学目标、教学策略、教学内容、教学事项、教师个性与素质、学生个别差异等。这些因素对教学方法选择来说，是非常重要的，也是教师应当明确认识和了解的。在某种意义上讲，熟练掌握和运用教学方法的一个重要组成部分就是对制约教学方法选择的这些内部因素有明确的认识，并在实践中作为主要参照。下面分别来阐述这些直接因素与教学方法选择的关系。

（一）教学目标、教学策略与教学方法选择的关系

方法是达到目的的手段，目的是要借助方法来达到的。两者密不可分，教学方法总是为着一定目的服务的。因此，在所有的内部制约因素中，教学目标乃是教学方法选择所要依据的最重要的因素，亦即，一种教学方法是否合适，最主要的衡量标准就是看这种方法对达到教学目标是否起到应有的作用。例如，我们的教学目标之一是要培养学生某种实验操作能力，那么实验法显然比单纯的讲授法更有利于达到目标。不过，在高等学校教学中，为达到一个教学目标，常常需要几种方法的相互配合或优化组合。在这种情况下，往往要经过多次的实践才能确定哪种组合是最优的，是最有利于达到教学目标的。

显然，判定一种教学方法或一组教学方法对于达到目标是否有效，其前提条件就是要能够确定该目标是否达到了。也就是说，需要使目标本身具有可测性。这里的关键是要使那些笼统的专业培养目标加以层层分解，直到每个单元、每节课的教学目标。唯有如此，具体的教学方法的选择才能与教学目标对应起来。

还应当指出的是，教学目标有时并不是通过一种或一组教学方法就可以直接达到，而是往往要通过几个步骤或几条途径才能达到。例如，我们的教学目标之一是要通过教学培养学生外语的阅读能力，要求使之能在规定的时间内读懂一定数量和难度的外文资料。常常需要通过泛读、精读、强记生字、国外有关知识背景的了解等方面的综合训练，才能达到这个目标。在这种情况下，对达到目标的步骤、途径和反复性的安

排和策划，就非常必要了。我们把这种策划的结果叫作教学策略。教学策略中某个步骤、途径的安排，同样需要配以相应的教学方法。仍以外语阅读能力这个目标为例，强记生字往往可采用暗示教学方法；泛读和精读可配以讲授和讨论法及自学指导法；而背景知识的积累则多用自学指导法，如此等等。

可见，教学策略与教学目标是同一问题的两个方面。至于教学目标是否一定要有教学策略与之匹配，则取决于对教学目标的概括程度。教学目标的概括程度越低，内涵越少，所需教学策略越简单（甚至不必要），因而与教学方法的选择更为直接。教学目标概括程度越高，内涵越多，所需教学策略越复杂，因而与教学方法的选择更间接。实际上，教学策略在某种意义上讲，也可看作是教学目标的再分解。但通常为了使教学目标的数量保持在有限数额内，为达到教学目标而采取的各种步骤、途径统称为教学策略。

（二）教学内容与选择教学方法的关系

在教学活动中，不同的学科和不同内容也对教学方法的选择产生影响，二者有着极其密切的关系。这种密切性可以通过3个方面来解释。第一，"教学过程既然主要是一种认识过程，也必然要根据不同的认识对象而采用不同的方法"。这是因为，不同的学科、同一学科的不同内容，认识的规律有所不同。因此就必须依据这些规律采用不同的教学方法。第二，不同学科、不同内容本身的特点不同，也需要有不同的教学方法来传授它们。例如社会学多采用社会调查方法，数学要做大量的习题演示，化学常用实验方法。第三，学科之间、内容之间不同的关系也需要采用不同的方法来传授。例如，为适应课程综合化这一教学改革趋势，出现了学科间不同程序的综合形式。对于这些不同形式，也需要配以不同的教学方法。比如"相关形式"常配以小队教学方法。像程度教学法、问题教学法等，也都是从内容之间相互逻辑关系出发来考虑其传授方式的。因此，教学方法的选择是要受教学内容制约的。

（三）教学事项与选择教学方法的关系

什么是教学事项？通俗地讲，就是课堂教学中必须涉及的一些教学环节。有些教学事项是几乎每节课都要碰到的。在高等学校，课堂教学占有主要地位，因此在考虑教学方法制约因素时，绝不可忽视教学事项这个直接影响因素。

在课堂教学中要碰到的教学事项大体如下：

（1）向学生说明本节课（或本单元）的教学目标；

（2）激发学生的学习动机；

（3）回忆以前所学过的有关内容；

（4）引入新内容；

（5）指出新内容中的关键点或难点；

（6）应用新知识；

（7）对学生学习情况做出评价。

国内外的教学实践证明，在课堂教学中如果全部包含了这些教学事项，其教学效果要比只包含其中若干项的效果要好。在高等学校，对这些教学事项，最容易忽视的是第一项和第七项。心理学研究成果告诉我们，当学生在教学活动中具有明确的目的时，其要比不了解本单元、本节课的目标时对教材掌握得更牢固。心理学研究成果同样显示：当学生对自己的学习情况通过教师的反馈有所了解时，其学习的效果就会更好。然而这些最为普通的原理，在教学过程中却常被忽视。如果在这些方面给广大教师提供一些规范，情况就会好得多。

上述这些具有共同性的教学事项，最初是从普通中小学课堂教学实践中总结出来的，但对高等学校教学同样具有重要意义。这里应当指出的是，这些教学事项在具体实践过程中，并不是严格按照上述顺序出现的，但一般情况下，上述顺序代表了课堂教学过程中基本的逻辑顺序。

教学方法的选择与教学事项有着密切关系，具体表现在，每一教学事项的履行，都需要一些适合的教学方法。换个角度说，每一种教学方法都有其独特的功能或作用，某一功能或作用最适合完成上述的某个教学事项。因此，教师在选择教学方法时，必须考虑它们在完成教学事项中所起的作用。下面仅举三例对此加以说明。

例一，高等学校目前最常用的教学方法之一就是课堂讲授，或称讲授法。讲授法最大的长处或作用是它能很快地、大量而集中地为学生提供新知识。这一特点是其他教学方法无法相比的。因此，这种方法对完成"引进新内容"这个教学事项是最为合适的，但它不太适合于"应用新知识"和"对学生学习情况做出评价"这两个事项。

例二，"角色扮演法"是高等学校教学中较常用的方法之一，尤其对于外语教学更是如此。它的最大特点是能激发学生的学习热情和兴趣，因而对"激发学生学习动机"这个事项能发挥积极的作用，同时也可完成"应用新知识"这一事项；但它对"引进新内容"和"指出新内容中的关键点或难点"这两个教学事项的完成，并无多大作用。

例三，高等学校教学中的另一种常用的方法是讨论法，它的长处在于能使学生尽可能回忆起以前所学过的知识，并且在讨论中最有利于抓住问题的关键。因此，它对于"回忆先前所学过的内容"和"指出新内容中的关键点"这两个事项的完成，能发挥最大的作用，但对于"向学生说明教学目标"就不适用了。

除上述三例外，其他教学方法在完成教学事项时的情况也都是如此。因此，在教学方法改革的过程中，使教师对教学方法的选择与教学事项的关系有个清楚的认识，是非常重要的。

（四）教师素质、个性与选择教学方法的关系

作为一名合格的高等学校教师，通常应具备两方面素质，一是政治思想素质，二是业务素质。教师的政治信仰、道德修养以及世界观、人生观对教学方法选择的影响是比较间接的。相对而言，其业务素质的影响是比较直接的。而在业务素质中，相对于教师本专业学科知识能力而言，其教育、教学理论水平和这方面技能技巧，对教学方法的选择更具重要性。

如果一位教师懂得教育、教学理论，且乐于在教学实践中不断探索有效的教学方法和途径，那么这位教师肯定会比那些不熟悉教育、教学理论与技能，单凭热情来教书的教师，教学效果更好，或者在达到同等教学效果的过程中所付出的劳动更少、时间更短。因此，加强高校教师在教育、教学理论和技能方面的正规训练，提高他们的业务素质，不仅是提高我国高校教师选择和应用教学方法的效率的重要任务，也是教学方法改革所要完成的一个关键性任务。

除了教师的素质外，教师的个性对教学方法的选择也具有重要影响。在教学目标和教学策略、教学内容、教师素质、教学事项相同的情况下，不同的教师所使用的同一种方法也会因教师个性的不同而产生不同效果。这里的个性指的是教师个性心理特征基础上表现出来的教学风格、对不同课堂气氛的好恶、与学生的亲疏程度等。例如，对于一个平时总是保持一种严肃态度的教师来说，在使用"角色扮演法"时，可能就不如一位平日十分亲切和蔼的教师采用此法的效果好。再如，一个善于与学生交往的教师在使用讨论法时，就会比一个很难与学生融洽相处的教师收到更好的效果。

教师个性对教学方法选择的影响是客观存在的，正确选择教学方法并非要强迫教师改变自己的个性，而是应当使教师认识到不同的个性对教学方法选择的影响，从而选择那些适合自己个性的方法来达到教学目标和提高教学效果。

（五）学生个别差异与选择教学方法的关系

心理学关于学生个别差异的研究，已成为教学理论的主要依据之一，对于教学方法的选择也不例外。关于这一点，在教育心理学、教学心理学著作中已有大量阐述，此处不再赘述。上面所谈影响选择教学方法的五个内部因素，对教学方法改革的方向起着关键作用，其他影响因素可以看作是从这五个因素中派生出来的。因此，在教学方法改革中以这五个方面为依据来确定改革的方向和主要任务，应该说是非常必要的。

最后应当指出，影响教师选择教学方法的上述因素之间的关系极其复杂，因此目前还无法科学地建立起一种选择最适合的教学方法的模型或规范供教师参考，而且在教学过程中，教师的教学艺术也在发挥着重要作用，因此，教学方法的改革显得格外复杂和困难。然而随着心理学、脑科学和教育科学的进展，对教学方法选择的科学性将会逐步得到提高。

第三节　高等学校常用的几种传统教学方法

教育实践在发展，教育理论在发展，因此，教学方法无论从实践上还是从理论上看，也随着时间的推移在不断地发展。有一些教学方法是多少年来沿用下来的，还有一些方法则是随科技的发展和教育学、心理学理论的进展而开发出来的。为叙述方便起见，这里笔者将高等学校教学方法分为传统的方法和新的方法两部分来阐述，这一节先来谈传统的方法，下一节谈新的方法，最后再简要谈一谈高校教学方法改革的一些动向或趋势。

一、讲授法

（一）讲授方法的作用

讲授法是教师通过口头语言向学生描绘情境、叙述事实、解释概念、论证原理和阐明规律的教学方法。但教师的讲授与学生的接受并不是一回事，同一位教师讲授同一内容，学生接受的效果却大小不同，这除了教师讲授水平和学生接受能力的因素外，涉及对讲授作用的实质的认识。

正确认识讲授作用的实质，要从学生掌握间接知识的规律来观察。学生对间接知识的掌握是通过感知、理解、应用来实现的。而关键是理解。如果没有学生自己的理解，就不能实现将他人知识变为自己知识的转化。讲授的实质则是以教师的理解帮助学生理解，但不能代替学生的理解。讲授的作用一方面在于以教师对教材的理解帮助学生克服理解上的困难，另一方面在于教师以自己理解问题的方法去指导学生学会理解。因此，讲授的效果取决于教师如何运用自己的理解以达到学生的理解，它是由前一种理解转化为后一种理解的过程，而不是简单的传递和注入。由上可见，讲授法既有其突出的优越性，也存在某些内在的缺陷。由于这种方法能使较多的学生在较短时间内获得大量知识，且便于教学过程的控制，因而成为一种基本教学方法。同时，又由于它存在着不利于因材施教、不利于自学能力培养的局限性，因此不能将此方法绝对化而排斥或取代其他有效的教学方法。

（二）讲授内容的处理

所谓讲授内容的处理，是指根据课堂讲授的特点对既定的教学内容进行选择、加工和组织，其基本要求有如下几点：

（1）讲授内容应体现专业培养目标的要求，它是专业培养目标逐层分解的结果。

（2）讲授内容应在确定性与不确定性相互统一基础上求得科学性。在高等学校，既要传授给学生具有确定性内容的知识，也要向学生介绍科学发展中尚未解决的问题和尚未克服的矛盾，使学生看到科学中不确定的需要继续探求的一面，以激励学生的创造、探索精神。

（3）讲授内容要有思想性，应从学科内容的特点出发，贯穿有关的思想内容。为此，一方面要注意教材思想性的挖掘，另一方面也要防止"离题"与附会。

（4）讲授内容应是以教材系统为依据的重点讲授，以及难点的突破。重点讲授与系统性是不矛盾的，它是在系统性基础上，更加有效地在学生头脑中建立知识与知识之间、思路与思路之间的联系。

（三）讲授方法的运用

讲授方法的运用有以下四点基本要求：即激发动机、同步思维；结构严谨、说理深刻；虚实结合、表述生动；注意反馈、及时调整。

根据以上基本要求，可采用下面一些方法：

1. 运用问题法（或叫矛盾分析法）

"思维自问题始"，没有问题或矛盾就没有积极的思维活动，也没有解决问题的动机和兴趣。因此，教师应善于设疑和释疑，使学生的思维活动处于不断地出现矛盾和解决矛盾的过程之中。

2. 运用逻辑方法

科学知识和原理的讲授实质上就是一个形成概念、进行判断和推理的逻辑过程。所谓结构严谨、说理深刻，就是在讲授内容的整体结构上与具体的分析论证上要合乎逻辑。在讲授中通常所运用的逻辑方法主要是比较和分类、归纳和演绎、分析和综合等。这里应当指出的是，归纳和演绎、分析和综合，应在教学中交互使用，防止偏废，使学生的逻辑思维能力得到较全面的发展。

3. 运用理论联系实际及直观的方法

为了使抽象的理论知识更好地为学生所理解，需要将理论与实际联系起来，并尽可能地增强讲授的直观性，也就是做到虚实结合。理论联系实际，首先应讲明理论产生的实践根据或实验根据；其次应运用实例来阐明理论，或运用理论分析有关的自然现象或社会现象；最后尽可能说明理论的实用价值或现实针对性。此外，尽量运用直观方法来配合理论讲授。

4. 运用教学语言

讲授也是一种语言艺术，课堂语言运用的好坏，对教学效果具有很大影响。教学语言使用的主要要求是做到干净（少讲废话并避免口头禅）、准确和生动。

5. 注意学生的反馈信息

学生在课堂上的反馈信息是通过各种不同的情绪或表情反映出来的，教师应善于捕捉这些信息，及时调整讲授的输出信息，以引起新的信息反馈，从而使讲授过程处于积极的状态。

6.学生听课方法的指导

讲授方法是讲课方法与听课方法的统一。教师在运用讲授方法时，还必须加强对学生听课方法的指导。听课方法的基本要求是善听、善思、善记。

善听，即善于把握教师讲授的基本内容，注意教师是如何理解教材的，以及讲了哪些教材上没有的新材料、新观点、新方法。

善思，即善于通过自己的思考，将教师对教材的理解转化为自己对教材的理解，同时领会教师讲授中所使用的方法，从中吸取有价值的东西。

善记，即善于做听课笔记。它是以善听、善思为基础的活动，所记的东西应是讲授的要点及其逻辑联系、教材上没有的材料和观点，以及自认为精彩之处和存在的问题。

（四）备课

无论是新教师还是老教师，是新开的课还是教过多年的老课，都应认真地进行课前准备。备课的步骤，按其任务大体可分为三步。第一步是在钻研教材、参考资料和分析学生情况的基础上，按照一定的课时规定，进行讲授内容的选择、加工和组织，并写出讲稿或讲授提纲。第二步是根据确定的讲授内容进行教学法准备，包括教学方法的选择、设计与教具的准备。第三步是临上课前再重温一下教案或讲授提纲，使上课时具有充分的心理准备。

这里有两个值得注意的问题。

一是讲稿与教材之间应保持一种"不即不离、若即若离"的关系。讲稿对教材而言，既可以是补充性的，也可以是与教材在体系上、观点上相左的，这对加深、扩大学生知识面，培养学生批判思维能力是有好处的。二是实际讲授时的临场发挥可能与讲稿不完全相同，或根据情况做临时调整，或临时想到更为精彩的例证，这些都是教师教学水平和教学机制的表现，也是搞好课堂讲授所必需的。

二、讨论法（或课堂讨论）

（一）课堂讨论的作用

课堂讨论的基本特点是将教师指导、学生个人独立钻研、集体学习与交流三者结合在一起。这种方法的主要作用有四：第一，便于调动学生学习积极性；第二，促进学生对难点、重点问题的理解和理论知识的应用；第三，能较好地使学生思维能力、表达能力得到锻炼；第四，学生在讨论中的表现，也是评价教学质量和学习效果的重要参考。

课堂讨论的主要缺点是比较费时费力，因此只能有选择地适量地组织。根据目的和性质，课堂讨论可分为各种类型，如以理解和应用为主要目的的知识性讨论、以弄清某难题为目的的讨论、以揭示问题矛盾为主旨的争论等。教师应根据需要进行准备；讨论组的大小及组织方式也应考虑到讨论的目的和效果。

（二）讨论的选题与准备

选择恰当的论题是保证课堂讨论达到预期效果的首要条件。选题的基本要求是：第一，论题要能体现课堂讨论的具体目的。如目的在于加深对知识的理解，就应在重要的基本理论问题上选题；如目的在于新知识的应用，就应选择具有理论意义的实际问题或案例；等等。第二，论题的内容和表述要有启发性，并有讨论的余地，能引起学生解决问题的愿望和积极的思维活动。第三，论题的难易度应符合学生水平并照顾到学生负担。

论题确定之后，就要做好讨论前的准备工作。对于教师来说，准备工作包括对时间、活动方式、参考资料等做出具体安排，对学生提出具体要求，对学生准备情况进行检查，进行总结发言的准备等。对于学生来讲，应针对讨论目的和要求，查阅有关材料，形成见解，并提出解决问题的论点与论据，整理成发言提纲。讨论后发言提纲应交给教师，作为考核的依据。

（三）讨论的组织与引导

无论什么类型的讨论，都应包括下列三个基本环节：

1. 讨论的进行

这是讨论的主体部分，教师在组织与引导时应注意以下几点：

①应预先指定若干学生做开题发言，或简要报告自己观点，以便使学生尽快进入角色。②在讨论过程中，教师应使讨论始终围绕论题的中心展开，及时纠正偏离主题的情况。③应把学生注意力集中在论题的焦点上，使讨论能步步深入。④应控制好时间。通常一次讨论都不超过两节课，因此教师一要使学生发言尽可能简练，二要适时专题，不要使讨论纠缠在个别枝节问题上。

2. 讨论的总结

总结的主要内容：一是对学生发言内容加以归纳和评价；二是补充教师对论题的基本观点，即带有结论性的意见，有些一时难以做结论的问题也应加以说明；三是对本次讨论的优缺点，尤其是讨论方法加以总结，以推动学生学习方法的改进。

3. 讨论的成绩评定

学生课堂讨论应给予成绩评定，其依据主要是发言提纲和讨论中的表现。这无论对保证讨论的质量还是对改进成绩考核内容和方法，都是必要的。

三、实验方法

（一）实验方法的作用与类型

实验教学法是科学实验方法在教学条件下的运用。作为教学方法的实验，从内容上讲，多数为已有科学实验的重复，从方法上讲，则是对科学实验方法的学习与训练，因此对自然科学的教学具有十分重要的作用，主要表现在：

（1）验证科学原理，使学生更好地理解、掌握所学的理论知识。

（2）培养学生科学实验能力，使之掌握科学实验方法。

（3）培养学生严格的科学态度和求实精神。

高校教学中的实验可分为三种类型：

（1）演示实验，同课堂讲授结合进行，一般由教师操作与讲解，其目的是为学习新知识提供感性材料或事实依据。

（2）验证性实验，在理论学习基础上，按预先规定的内容和方法，在教师指导下由学生独立操作。其目的在于验证理论，加深对理论的理解和掌握，并对学生进行基本实验技能、方法、能力的训练。

（3）研究性实验，或称设计性实验，在教师指导下，由学生独立进行实验的全过程。其目的在于培养学生运用实验手段探求新知识，并提高从事实验研究的能力。

（二）实验课的安排与设计

这方面应注意以下几点：

（1）要处理好实验教学与理论教学的关系；在内容上要有机衔接，在进度上要疏密配合，并保证一定的分量。

（2）要处理好经典实验与现代实验的关系。经典实验对掌握基础理论、训练实验的基本功仍然是必要的，但要进行精选，数量要逐渐减少，同时增加现代的新的实验内容。

（3）要处理好验证性实验与研究性实验的关系。就本科教育而言，显然应以验证性实验为主，但不能只限于验证性实验，在高年级安排一定数量的综合性实验和研究性实验是完全必要的。同时还应创造条件，开放实验室，从低年级就开始进行独立实验的训练。

（4）要处理好实验教学体系与科学实验方法体系的关系。近代以来，在实验方法上已形成了相对独立的方法论体系，因此应从本学科的特点出发，加强对科学实验方法论的学习和研究，努力探索在实验教学体系中贯穿科学实验方法论的有效途径。

（三）实验课的组织与指导

1. 实验课的准备

教师的准备工作：一是根据教学计划所规定的实验，编定实验指导书，对实验目的要求、原理、步骤、方法、条件，以及应注意的问题做出规定或说明。二是对难度较大的实验，教师要亲自做实验准备，做到心中有数，以免临时出差错。三是指导教辅人员做好仪器设备、药品等的准备。

学生的准备工作，主要是做好实验预习，复习与实验有关的理论知识，熟悉实验指导书。同时还应尽可能组织学生参与仪器装配和药品的准备工作，使学生熟悉这方面的知识和技能，为今后的设计性实验打好基础。

2. 实验过程的指导

发挥学生在实验中的主动性和积极性是搞好实验教学的关键。为此，实验的编组，最好是每人单独做实验，条件不具备的也以两人一组为宜。在实验过程中，一切活动都应要求学生动手动脑，自己分析、处理实验中出现的问题。教师的指导主要是发现问题，及时向学生提出，在学生独立思考的基础上，给予方法上的指导。不应做过多的具体帮助。此外还应注重科学态度的教育和爱护公共财物的教育。

（四）实验成绩的评定

对学生实验成绩的考核应根据实验教学的目的要求，对学生的实验报告及实验过程中的实际表现进行综合评定。为此，可结合各个学科的特点，制定实验成绩评定的标准。作为理论课组成部分的实验，其成绩应在该课总成绩中占据一定比例。如实验不合格，则不能参加该门课的期终考试。

四、实习

（一）实习方法的特点和作用

高等学校的实习，一般分为教学实习和生产实习。教学实习是某一门课或相近几门课的实习，也称为课程实习，一般规模较小、时间较短，也比较分散，可到校外现场进行，也可在校内的实习工厂、农场及有关现场进行。生产实习，包括师范院校的教育实习、医科院校的临床实习等。由于各类专业的特点不同，生产实习的安排也不完全相同。如工科将生产实习分为认识实习、专业实习、毕业实习，但不论什么专业都将毕业实习作为集中的总的实习。

生产实习具有以下不同于校内教学过程的显著特点。第一，生产实习属于社会实践活动，都是在社会生产或工作单位，以工作人员的身份直接参与生产或工作过程。实习的一切目的都要通过实践活动来实现，因而具有实践性。

第二，生产实习既是学科上的综合训练，又是知识、能力、思想的综合训练，因此具有综合性。

第三，生产实习是以学生为主体独立进行的，学生要作为一名工作人员独立承担任务，因而在各种教学方法中，是学习独立性最强的。

第四，在生产实习过程中，学生在思想状态、知识能力及实际工作状况上表现出比校内课程教学中更明显的差异性。

第五，由于生产实习一般是分散在各单位进行的，各单位情况具有较大差异，这种差异性对实习安排和效果都会产生直接影响。

实习的重要作用主要表现在以下三个方面：

第一，对学生是一次集中的综合训练。通过实习，对实习生来说至少可以达到四个目的：①进行专业思想与职业道德的教育；②提高专业水平，特别是提高从事专业工作的实际能力；③检验在校期间的学业水平，明确努力方向；④了解和熟悉社会情况及未来工作的环境，实习是一次全面的学习、检验和提高。

第二，对学校是检验教育质量的重要措施。通过实习的检验，可以对学生的质量做出一些基本的分析和估价，作为全面评价学校教育质量、改进学校教育工作的重要依据。

第三，实习是加强高等学校同社会联系的重要渠道。

（二）实施正确的实习指导

实习的指导力量，包括学校实习指导教师和实习单位的有关业务人员，尤其应发挥实习单位业务人员的指导作用。

对实习指导工作的基本要求有四点：

（1）要有周密的计划，包括学校、系、实习点及实习生个人计划，要逐层落实，对各实习阶段可能发生的问题，在制订计划时要有所预计，并逐一解决。

（2）要实施全面指导。其具体内容包括：①对实习生的思想指导；②对实习生业务工作的指导；③组织实习生进行社会调查；④关心实习生的生活与健康；⑤指导实习生做好实习总结；⑥进行实习成绩考核及实习生的质量分析等。上述指导任务应由学校与实习单位的指导教师共同承担。

（3）对实习生应从严要求，防止走过场。

（4）指导工作要"引而不抱""因材施教"。"引而不抱"是要求把实习指导工作建立在放手让实习生独立实践的基础上，是指导与放手的统一。由于实习生各方面的差异性，教师在"引"的时候，应区别不同对象，因材施教，实施具体指导。

（三）充分发挥实习生的独立性与创造性

实习生独立性、创造性发挥得如何，是实习成败的关键。为此，教师一要敢于放手，使实习生真正进入角色；二要正确对待实习生在实习期间工作上的失误，应帮助他们总结失误的经验教训，提出改正办法；三要鼓励实习生的创造精神，使实习生在实习期间充分发挥创造才能。

（四）建设合适与稳定的实习基地

所谓合适，最重要的是实习单位的指导力量、工作条件及必需的生活条件能符合实习任务的要求。所谓稳定，就是要建立长期协作的关系，使实习单位熟悉实习工作的规律，能够更好地与学校配合。

要建立合适稳定的实习基地，必须做到双方互利，要发挥高校的优势，对实习单位的工作有所帮助、有所促进。只要下决心、下功夫，这是能够做到的。

五、调查法

（一）调查方法的作用与类型

调查方法是社会科学研究与管理决策研究的基本方法之一，也是高等学校理论联系实际的重要教学方法。

通过社会调查：第一，使学生对我国国情及社会主义建设实际有比较深入的了解，是进行国情教育和思想政治教育的重要途径。第二，使学生将所学理论运用于社会现实问题的调查与分析，不仅有利于加深对理论的理解，也有利于激发学生探索社会重大问题的积极性。第三，能提高学生社会活动能力，并使之受到调查研究方法基本功训练。

根据高等学校教学的特点，调查的类型可做以下一些划分：按教学任务，可分为社会调查和与学科教学相联系的专业性调查两类，后一类调查又可分为以验证、理解和运用已学理论为主的应用性调查和以研究、探索规律为主的学术性调查。按调查对象不同，可分为经济调查、教育调查、人口调查等类型。按调查所要求结果的不同，可分为现状描述性调查、因果性调查和预测性调查等类型。按调查地域的不同，可分为城镇调查与农村调查、全国性调查与地区性调查等类型。按调查范围的大小，可分为全面调查、典型调查、抽样调查等类型。综合上述不同角度的分类，明确其在各种分类中的位置，是制订整体调查计划的依据。

（二）调查的准备

调查的准备工作主要有以下几项：

（1）拟订调查计划。调查计划一般应包括目的要求、对象与范围、项目与成果目标、方法、步骤、人员组织与时间安排等项。调查计划应同调查单位商定，以取得它们的支持。

（2）理论准备。教师对调查所要涉及的和可能出现的理论问题与方法问题，应有充分的考虑，有针对性地指导学生复习有关的理论知识，做好理论上的准备。

（3）调查工具的准备。一类是文书性工具，包括调查提纲及各种调查表、统计表等；另一类是器具性工具，如录音机、照相机等。其中关键是调查提纲的拟定。调查提纲所涉及的概念及项目，要有明确的含义，具有可操作性、可观性、可测性，并有利于最后的统计和归纳。

（4）组织准备。根据布点做好编组工作，进行思想动员，使每个学生都明确调查的目的意义及调查计划所涉及的各种要求。同调查单位一起做好调查的生活、后勤安排。

（三）调查的实施与指导

按照调查方案的设计，做好调查资料的收集工作，是调查实施阶段的主要任务。调查工作应在教师指导下由学生独立进行。

在这一阶段教师要做好以下两方面的工作。

一是外部协调工作，主要是密切同调查单位或地区领导机构的关系，向它们通报情况，争取支持和帮助；二是注意密切同被调查对象的关系，尽可能增加接触，争取他们的理解与合作。

另一项工作是内部指导。为收集到真实可靠的资料，应特别强调以下几点：

（1）坚持实事求是的态度，要从事实出发，调查的结论只能产生于调查的末尾而不是开头。要保证调查资料的全面性和真实性。

（2）正确使用观察、访问、问卷等收集资料的方法。这些方法都有其特定作用与局限性，一般都是交叉使用。不过对社会调查而言，应以访问为主，辅之以其他方法。

（3）根据调查过程阶段性特点实施及时的指导。在开始阶段，要解决好打开局面的问题；在中期，要及时总结交流，解决出现的问题；在后期，要做好资料收集的扫尾工作，就地对调查资料进行质量检查和初步的整理工作，以便及时发现问题，加以纠正或补充。

（四）调查的总结

这一阶段的主要任务是对调查所得的资料进行系统的整理、鉴别和分析，得出结论并写出调查报告。

（1）调查资料的整理与鉴别。除调查期间要随时整理资料外，总结时应对资料进行全面的整理、鉴别，筛选出提供分析的基本的论证材料，包括数字统计材料、描述性材料和析因材料等。

（2）调查资料的分析。分析的目的是为回答调查所要解决的问题做出必要的结论，根据调查目标的不同，大体上可分为现状评价结论、因果关系结论和预测性结论。要使分析的结论有充分的依据，必须将数学分析与理论分析，定量分析与定性分析结合起来。

（3）撰写调查报告。整理调查报告时应根据所得结论，用观点统率材料，做到观点鲜明、论据充实、层次清楚、文字通畅。调查报告不仅是调查质量的反映，也是学生调查能力、表达能力及理论水平的反映，因此，除调查组要写出集体调查报告外，每个学生都要写调查报告，并做出成绩考评。

第四节　几种新的教学方法介绍

随着科学技术的进步和教育学、心理学研究的进展，涌现出许多新的教学方法。这些方法有些比传统方法更加深化，有些则是从某一角度或方面着手，开发出新的培养学生能力和智力的途径。这里介绍几种具有典型意义和流行比较广的新教学方法，作为了解现代和当代教学方法发展的一个窗口。

一、发现法

发现法也称"发现教学"或"发现学习"，是学生运用教师提供的按发现过程编制的教材或材料进行"再发现"，以掌握知识并发展创造性思维与发现能力的一种教学模式或教学方法。它具有通过发现过程进行学习和在学习过程中学习发现方法的双重含义，实质上是一种具有较高程度的独立学习的方法。

发现法有深厚的历史渊源。法国启蒙思想家卢梭在《爱弥儿》中指出："至于我，我是不想教爱弥儿几何的，相反的要由他来教我；由我寻找那些关系，而他则发现那些关系，因为我在寻找那些关系时，采用了使他能够发现那些关系的方法。"德国资产阶级民主主义教育家第斯多惠明确提出："科学知识是不应该传授给学生的，而是应当引导学生去发现它们，独立地掌握它们。"还提出，"一个坏的教师奉送真理，一个好的教师则教人发现真理"。英国的斯宾塞也曾说道："我们必须坚持者，就是教育上自我发展的过程应该竭力加以鼓励，儿童应该使其自作探究，自行推论。对儿童的讲授应该尽可能减少，并尽可能地引导他们去自求发明。"美国实用主义教育家杜威尖锐地批判传统教学体系"注入式"的教和"顺受式"的学，认为教学应是学生自己去发现知识，而不是从现成的"知识贮藏所"中取出知识。因而强调教学过程与科学研究过程统一性的一面，乃至将教学过程同科学实验过程看作是同一模式，并模拟科学研究过程制订出一套教学过程的程序：提出怀疑—构成"假设"—指导"实验"—证明或驳斥"假设"—"自己去发现"知识。杜威的思想对当代发现法的兴起产生了重大的影响。

当代美国心理学家布鲁纳认为,要培养具有发明创造才能的科技人才,不仅要使学生懂得学科的基本概念、基本原理,而且要发展学生对学习的探索性态度,因而大力提倡使用发现法。他提出:"发现不限于寻求人类尚未知晓的事物,确切地说,它包括用自己的头脑亲自获得知识的一切方法。"他的倡导,引起了人们对发现法的重新关注与研究。

发现法的基本学习过程是:掌握学习课题,制订设想,提出假设,验证假设,发展和总结。运用发现法的要点是:要有适当的设计;提供必需的资料与条件;不断地提问、引导和耐心地等待。为了把原发现改编成适合学生进行再发现过程的教材,就要做到以下几点:①缩短原发现的过程;②简化原发现过程中出现的启示期的思维过程;③把原发现过程中出现的大量的可能性,精简为少数几个主要的选择。

布鲁纳认为发现法的优点是:①有利于发挥学生的智慧潜力;②由于学生亲自发现事物的关系和规律,能使学生产生兴奋感、自信心,从而起到培养学生内部动机的作用;③能使学生掌握发现的方法,以培养提出问题、解决问题的能力和端正其创造发明的态度;④由于学生自己把知识系统化、结构化,所以更好地理解、掌握和保持学习的内容,也能更好地运用所学的知识。发现法的试验对改革传统教学方法具有积极的意义,但不应将学生的发现学习同科学家的科学发现等同起来。同时,在使用上也有其一定的范围与制约条件,并不是对所有的学科与学生发展的任何阶段都是有效的或适用的,尤其在具体实施上尚待做进一步的研究。

发现法的试验在国内外多是以中小学为对象的,由此我们可以看到,创造性的培养已引起中小学的重视,那么作为培养高级专门人才的高等学校就更应引起重视了。联系到高等教育的特点,就是要正确认识与处理学习和发现的关系,加强大学生的独立学习与科学研究,进一步探索创造性人才培养的途径和方法。

二、问题教学法

问题教学法是在教师帮助下学生提出问题,分析问题,寻求假设,进行实验,以求解决问题的一种教学方法。

问题教学法为19世纪美国杜威首创。他认为思维的自然规律不是形式逻辑,而是所谓"实验逻辑"的反省的思维。它是对问题反复地、持续地进行探究的过程。反省思维是由疑难的或不确定的情境到确定的情境两端之间的全过程。在这两端之间,思维过程有五个形态或步骤:①疑难或问题的发现;②确定疑难的所在和性质;③提出假设,作为可能的解决方法;④演绎假设所适用的事例;⑤假设经实验证实而成立为结论。如果在第五个步骤中,假设不适合于所有的事例,那么结论不能成立,思维循着尝试—错误—成功的原则,另换一个假设,反复试验,直到得出正确的结论。后来杜威把这一过程修订为：①暗示；②问题；③臆说；④推理；⑤试证。

按照反省思维的步骤，教学的程序是：第一步，须有一种情境，能使学生觉得问题与自己有密切的关系，以引起兴趣和努力；第二步，当时的情境须能激起学生的观察和记忆，以发现情境中的疑难和解决疑难的途径；第三步，要假定一种在理论上或假设上认为是最便于进行的计划；第四步，把实行的结果和最初的希望相比较，来决定采用的方法的价值，并辨别它的优缺点。杜威从"儿童中心主义"出发，强调学生的活动，忽视教材的系统性，要求从学生的生活里去找教材的问题，而不是把系统教学法中固定的教材改成问题的形式。他认为只有学生在活动中感到疑难或问题，才能引起动机，并通过学习得到解决疑难或问题成功的满足。

20世纪60年代以来，问题教学为苏联教育学者所倡导，并同系统教学结合起来，在传授系统科学知识的过程中日益注意运用问题教学，方法和形式也趋向多样化，使问题教学有了新的发展。马秋斯金提出，问题情境是问题教学理论的核心。马穆托夫把问题教学与发展性教学相结合，提出"问题—发展性教学"，并认为它吸收了各种学派的成果而成为一种"新教学论体系"。斯卡特金认为它是探索方法的综合，并指出："问题教学是使学生的认识活动积极化和发展他们创造性思维的有效方法，在最近若干年引起了巨大的注意并不是偶然的。"

问题教学在发展学生智力与创造才能方面有明显的优越性，但也有其局限性，并不是在所有教学中都宜于采用。"如果教材内容是指向形成相应科学领域的概念、规律、理论，而不是传授实际知识和培养劳动活动的实验技能技巧；如果教材内容不是全新的，而是以前学过的东西的合乎逻辑的继续，学生可以在学过的东西的基础上，独立地探索新知识；如果内容可以让学生进行独立探索，就是说，如果问题情境处于学生认识潜力的最近发展区；如果内容阐明现象之间的因果联系和其他联系，可以做出概括等等，那么，运用问题法就特别有效。"至于在整个教学体系中，问题教学的具体地位及比重，则须分学科进行研究，视各门课程内容的特点及学生年龄的可能性而定。

问题教学在苏联高等学校受到高度重视，认为是独立地获取新知识的方式之一。"问题情境是在讨论课、学年和毕业设计、在独立地进行科学研究时，在计算工作上，甚至在个别实验上，在确定各科间的联系和关系方面形成的。现代高等学校的任务之一，即是要求把问题教学推广到讲授课、实践课，乃至推广到考试方面去。这样就可以把问题教学法作为高等学校教学过程的有效形式之一来加以研究。"

三、案例教学法

案例教学法，即在教师指导下，根据教学目标和内容的需要，采用案例组织学生进行学习、研究、锻炼能力的方法，也是考查学生学习成绩与能力的方法。采用案例教学，要引起教学活动结构、教师施教方法和学生学习方法的变化。为使教学双方相互适应，案例教学应掌握以下几个重要环节：

（一）案例的编选

这是最基础的工作。据说美国哈佛大学每年要投入大批教师来编写案例。开设新课时，要求教师准备好 20~30 个案例。编写案例已成为该校教师的一项重要研究工作。他们编写的案例，大多是一份文字材料，包括事例的主要"情节"和重要数据，具有一定的教学价值，编好之后存入"案例库"，随时提取供教学使用。哈佛大学采用这种教学方法已有 50 多年的历史，保有案例 5 万种，并享有专利。上课前，教师要根据教学的需要选择一个或几个案例，或者选择前后相关的一串案例，以便逐步深化要研究的问题。

（二）组织案例讨论

教师先将案例发给学生，做好启发引导工作，让学生独立地做好准备，然后再进行讨论。讨论可以先小组后全班，或其他组织形式。教师负有引导和组织的责任。关键在于调动学生的积极性，使他们进入"角色"，对于管理专业的学生来说，务使他们形成决策意识，这样才能保证讨论的质量。

（三）案例评价

这是对案例讨论的总结，一般多由教师来做，指出讨论的优缺点，进行补充与提高性的讲授等。评价也可以发动学生在教师指导下进行，使学生得到进一步的锻炼。

案例教学法与我们在课堂教学中采用的举例说明虽然都要引用实例，但有很大不同。首先，案例在案例教学中占据中心地位，运用知识、培养能力、进行品德教育等教育任务，都是借助案例来展开的，而举例则在一般教学活动中处于次要地位。其次，案例是组织学生进行自我学习、锻炼能力的一种手段，举例则是说明问题的一种手段。

学生的独立活动在案例教学中占有很大的比重，但这种活动是在教师指导下进行的。从案例的编写、选择、布置、组织讨论，以至最后的评价，都体现着教师的指导作用。

第五节　当代世界高校教学方法改革的趋势

教学方法是不断变化发展的。社会的发展对人才质量提出了新的要求，现代科学技术的飞速进步使教学手段日益更新，教育、教学理论上的不断深入，这些都促成了教学方法的不断变化和发展。而教学方法的改革则是实现这种变化和发展的途径。高等学校教学方法的改革，是在整个高等教育改革背景下进行的，因而教学方法的改革，不仅与教育思想的转变、教育理论的深化和教学手段的现代化息息相关，而且与高等学校其他方面的改革紧密联系、互相影响和促进。

当今高等教育的改革已成为世界性的潮流。虽然各国的社会背景、高等教育的传统及发展水平各不相同，但在高等教育改革及相应的教学方法改革上却存在着某些共同的趋势。下面笔者仅从教学方法的功能、指导思想和结构特征三个方面的变化，来阐述教学方法改革的一些共同趋势。

一、在教学方法的功能上由教给知识到教会学习

教学方法是受教育目标制约并为实现教育目标服务的。重视知识传授、忽视智能培养，是传统教育存在的一个突出问题。在这种教育目标下所形成的教学方法，其主要功能在于知识的传递和灌输，而忽视对学生进行方法论的教育与能力的训练。

随着当代经济、社会的发展，特别是科学技术的迅速发展，高等教育的质量引起了世界各国普遍的重视。为提高高等教育人才培养的适应性，在教育目标上，强调在传授知识的同时，发展学生的能力，尤其是以学习能力和创造能力为基础的应变能力，已成为世界各国的共识。正是在这一背景下，联合国教科文组织在1972年出版的《学会生存》的报告中提出了"教会学生学习"的口号。

"教会学生学习"，同我国著名教育家叶圣陶先生提出的"教是为了不教"的基本思想是完全一致的，即学生通过教学不仅能掌握系统的知识，而且能获得独立地学习与更新知识的方法与能力。由教给知识到教会学习，这一教育目标的转变，势必在教学方法的功能及体系上带来深刻的变革，并成为教学方法改革的出发点和归宿。

二、在教学方法的指导思想上推行启发式，废止注入式

启发式与注入式不是两种具体的教学方法，而是教学方法中两种对立的指导思想。对教学方法的选择与运用，由于其指导思想的不同，可分为启发式和注入式两大体系。

启发式与注入式的对立从古代一直延续至今，从而形成两种相反的教学方法的传统。当然随着教育的历史演进，其思想内容与表现形式已发生了很大变化。就其现代形态而言，两者的主要区别如下：

注入式教学，在教育目标上重知识教学，忽视能力培养。在教与学的关系上，将教师权威绝对化，而将学生视为被动接受知识灌输的知识仓库和存储器。因而在教学方法的运用上采用单向的"填鸭式"强制灌输，忽视学生积极性的调动、学生独立学习活动的组织及学习方法的指导。在这种思想与方法下，只能教会学生模仿和记忆，而压抑学生学习主动性、积极性的发挥，以及学习独立性、创造性的发展。

启发式教学，在教育目标上强调在传授知识的同时重视能力的培养及非智力因素的发展。在教与学的关系上，在肯定教师主导作用的同时，强调学生既是受教育者或

教育的对象，又是具有主观能动性的认识主体。因而在教学方法的运用上：其一，着眼于调动学生学习的积极性与主动性，使学生处于积极的状态；其二，将教学活动的重点放在组织与指导学生的独立学习活动上，并不断提高学生学习的独立性水平；其三，注重学习方法与研究方法的指导；其四，注意教学方法的多样性与灵活性及各种教学方法的相互配合，发挥教学方法的综合效应。

由于长期历史形成的习惯势力及某些现实的基础，注入式教学在当今世界及我国仍有广泛的影响，乃至成为一种历史痼疾阻碍着教学方法的发展与教育质量的提高。显然，要实现"教会学生学习"目标，废止注入式，实行启发式，便成为教学方法改革的关键所在及世界各国教学方法改革的主攻方向。当代各种教学方法改革实验，如发现法、问题教学法、情景教学法、程序教学法等等，虽然理论基础各异，改革主张也不相同，但以注入式教学为改革对象却是一致的。

三、在教学方法的结构上由讲授为主到指导学生独立地学习与研究为主

从"教会学生学习"与启发式教学的基本思想出发，将教学方法的重点从教师向学生传授现成的知识转移到在教师指导下由学生独立地探索和获得知识，已成为教学方法结构改革的必然趋势。

从高等学校教学方法的结构特征上来看，世界上大体有两种基本的模式：一种是以美国为代表的模式，其主要特点是重视学生适应能力的培养，教学上的弹性大，学生学习的独立性强，在教学方法的结构上以学生独立学习活动为主，授课时数比较少，而且在有限的讲课中，还大量使用讨论教学，教师讲课也多为指导性的启发报告。另一种是以苏联为代表的模式，其主要特点是强调知识的传授及教学上的集中统一性。学生学习的独立性程度比较低，在教学方法结构上则是以教师的系统讲授为主，其授课时数大大超过美国及西欧。

我国高等学校的教学方法，新中国成立前采用的是欧美模式，新中国成立后转向苏联模式并同中国传统教育方法相结合。50年代末期以来虽几经冲击，但并未发生根本的变化。"一多一少"，即教师灌输多，学生独立学习活动少，仍然是我国高等学校教学方法结构的基本特征。

著名物理学家杨振宁曾对中美两国高校的教育方法做过比较与评价。他认为中国传统教育方法让学生按部就班地、一项项虚心地去学习，可以把许多有用的知识吸收进去，而且有利于应试。但这种训练出来的学生在做研究工作时是要有一些困难的，是要吃亏的。在美国这儿训练，一般来讲，是着重培养思考新的办法，这种训练办法对于大多教学生来说是不好的，可是对于最后做研究工作的20%的人，就比按中国传

统训练方法培养出来的人有优越性。因此他提出把两个办法折中一下最好。杨振宁的上述分析与建议是非常中肯的。所谓折中一下，按我们的理解，就是突破现有教学方法模式的束缚，在不同的教学方法模式之间，既要保持各自的优点，又要相互借鉴补己之短，以建立更加合理的教学方法的结构。70～80年发布了一系列高等教育改革的文件，其中有关教学方法的改革主要强调了以下几点：①加强学生学习的独立性。改革要求减少全日制的必修课数量，大力提高大学生独立工作的作用，改善其计划和组织工作，加强来自教师的监督和帮助。对大学生自学进行教学和教学法指导同样是教师教学工作的一种形式。②加强学生的个别教学。改革文化提出，提高专业人才培养质量的首要任务是坚决实现由人数众多的、面向全体的教学转向加强个别教学，发展未来专业人才的创造能力。为了改善个别教学工作的条件，要求减少每个教师所教学生的数量，减少实践作业、课堂讨论和实验课的学生人数，推广按个别教学计划进行教学。③广泛采用积极的教学方式，如课堂讨论、实践作业、辩论会、模拟生产环境和实际情景等。同时，作为发展分析性和创造性思维的基本方法之一，要求大学一定要参加科学研究，参加实际的设计研究和工艺构造研究。提出电子计算机化将是全面强化和提高教学过程质量的可靠手段。

美国高质量高等教育研究小组1984年发表《投身学习：发挥美国高等教育的潜力》的报告，1986年美国卡内基教学促进基金会又发表了《学院——美国本科生教育的经验》报告。上述报告直接涉及教学方法改革的主要有以下三点：①为了克服教育目标上的混乱及狭隘的职业主义，而寻求个性与共性之间、多样性与一致性之间、个人与公众责任之间的平衡。需要某种统一的原则，即在多样化之中，对共性的主张必须予以充分的肯定。②提出了"学生投身学习"的概念，即大学生在学习过程中投入的时间、精力和努力，这一概念类似动机心理学的概念，但它表示的，除心理状态外，更重要的是它还表示行为，包括用来学习的时间数量与学习时间内所做努力的质量。学生投身学习的程度也就是学习积极性、主动性的程度，它将直接决定学习的成效，因而美国将此作为提高教育质量三个条件的首要条件。③教师应更多地使用积极的教学方法，要求学生为自己的学习承担更多的责任。报告认为，讲课是学校生活的一项基本内容。讲课可以是有用的、经济的和有效的，但是研究证明，各种教学形式的结合使用，可能是提高学生投身学习的有效方法。如吸取学生参与教师的研究项目和学习有关的课程；鼓励多种形式的实习和其他有严密指导的实践性学习；组织讨论小组；要求课堂发言和争论；在适当的学科发展模拟教学；为个人的自修项目和有指导的独立学习创造条件等。

上述美苏两国针对各自教学存在的弊端提出的改革主张，虽然侧重点不完全相同，但将解决学生学习积极性、独立性、创造性问题作为改革的目标则是相同的，其改革的趋势对我国有重要的参考价值。

第八章　高等学校的教育教学评价

第一节　教育教学评价概述

一、教育教学评价的概念

教学评价的上位概念是教育评价。在20世纪20年代曾兴起一种教育测验运动，当时还没有教育评价的概念。教育测验是用教育测量的方法对个人教育成就的考查，而不能对教育活动进行教育评价。因为教育测验无法衡量教育活动满足社会需求与人的自身发展的程度，所以教育测验就逐步过渡到教育评价。

教育评价的实质，是对教育活动中事物或人物的价值判断。价值判断不同于事实判断。事实判断是对事物、现象的现状、属性与规律的客观描述；价值判断是在事实判断的基础上，根据评价人的目的、目标、需要和期望对客观事实做出判断。价值判断受评价人的价值观的制约，所以价值判断的特征是客观性与主体性的统一。教学评价的本质也是一种价值判断活动，是对教学活动现实的或潜在的价值做出判断的过程。教学评价是教育评价的核心，因此，二者是紧密相关的两个概念。

二、教育教学评价的发展阶段

学校教育评价在19世纪末20世纪初成为一个独立的研究领域。人们一般认为，在学校教育评价的理论与实践方面做得比较好的是美国。其教育评价的发展大体有三个阶段：

（一）萌芽期（19世纪中期至20世纪30年代）

本阶段主要致力于对学生学历的客观化、标准化测量。1845年美国教育家梅恩（Mann, H.）在马萨诸塞州波士顿文法学校引入书面考试、统一试卷。1879年，德国心理学家冯特（Wundt, W.）创立了一套心理测量方法。1897年美国教育家莱斯（Rice, J.）发表其8年来对1.6万名学生所做的拼字教学测验成果，引起了人们对教育测量方法的普遍关注。1904年美国心理学家桑代克（Thorndike，E.L.）提出"凡是存在的东西都有数量，凡有数量的东西都可测量"的论断，促进了学力测验与智能测验的发展。此后，各种标准化试卷被大量编制出来。在萌芽阶段，学校教育评价的主要对象是学校的教育成就和效率，评价的基本依据是学生学力测验的数据，评价的主要手段是教育测量，测量的主要内容是学生对教材的诵记。

（二）形成期（20世纪30年代至50年代）

本阶段主要是以"泰勒评价模式"为核心的学校评价体系的形成。1929年爆发的经济大萧条对学校教育提出了挑战：失业率剧增致使青少年找不到工作。为了帮助学校走出困境，美国进步主义协会发起了一项著名的"八年研究"，其中俄亥俄州立大学教授泰勒（Tayler，R.W.）领导的评价委员会进行了"课程与评价的研究"。泰勒的评价研究思路是：

（1）教育是改变人类行动方式的过程；教育目标是学校希望实现的那种改变人类行动方式的愿望。

（2）教育计划能够根据对该目标实际完成情况的分析进行评价；所以教育评价是一种衡量达到教育目标的过程。

（3）人类的行动是复杂的，所以要从各方面进行评价；教学评价要注重综合性，注重学习的各个领域。

（4）评价的方法不局限于依靠用纸和铅笔的测验，应采用包括观察行动、调查、评定在内的广泛方法；评价的性质能够直接影响教与学。

根据泰勒思路设计的教育评价，能够获得关于教育目标完成情况的信息，有助于发现问题，改进教育工作，受到人们的广泛欢迎。受其影响，美国成立了国家鉴定委员会，协调全国高等院校的鉴定工作。本阶段的教育评价与萌芽期有了较大区别：学校教育评价以教育活动的课程、教育计划、学生学习效果等领域为对象，评价的基本依据是教育目标，评价的主要手段除了教育测量还有观察、调查等，评价注意了综合性。

（三）发展期（20世纪50年代至今）

1957年苏联发射了第一颗人造卫星，人们开始怀疑美国的教育质量，于是举国上下呼吁教学改革，其中对学校教育效果的评价改革显得格外重要。正是在这种情况下，学校教育评价的思想和方法得到了长足发展，各种教育评价模式纷纷涌现：

（1）1956年，泰勒的学生布卢姆（Bloom，B.S.）发表《教育目标分类学——认知领域》，既完善了教育目标，又为泰勒的教育评价模式提供了理论基础。

（2）1963年，科隆巴赫（Cronbach，L.J.）发表《通过评价改进课程》的论文，对泰勒评价模式提出了不同见解：评价人不仅应关心教育目标，更应关心教育的决策；评价的重点应放在教育过程之中，而不是在教育过程结束之后；评价不是竞争决定优劣，而要作为一个收集和反馈信息的过程。以上观点经实践检验是正确的，对改进课程具有重要的意义。

（3）1966年，斯塔弗尔比姆（Stuff lebeam，D.L.）提出CIPP评价模型，对泰勒评价模式提出异议。CIPP是背景（Context）评价、输入（Input）评价、过程（Process）评价、结果（Product）评价的第一个字母。斯塔弗尔比姆认为评价是为决策提供信息的过程：通过背景评价为预期结果的决策提供信息；通过输入评价为预期方法的决策提供信息；通过过程评价为实际方法的决策提供信息；通过结果评价为实际结果的决策提供信息。该模式评价的依据不是决策者预定的教育目标，而是教育活动参与者的意图，因而这种评价具有民主性。

（4）1967年，斯克里芬（scribe）在其《评价方法论》中首先提出了形成性评价和总结性评价两个概念。形成性评价是通过诊断教育方案计划、教育过程与活动中存在的问题，为正在进行的教育活动提供反馈信息，以促进实践中正在进行的教育活动质量的评价。总结性评价是在活动发生后进行的关于教育效果的判断。形成性评价已成为当今学校教育评价的重要内容。

（5）20世纪70年代中期，斯塔克（Stake）提出了"应答评价模型"。他在思维上是发散而非收敛的，在价值观念上是多重而非单一的，在方法上是自然主义（如采访、交谈、观察）而非科学主义（如测验）的，在判断结论上是定性分析而非定量分析的。它比CIPP模式具有更广泛的民主性，因而受到人们的欢迎。

三、教育评价的走势

（1）在评价对象上，从评价学生个人学力，发展到评价教学中的课程，再发展到以教育计划为主的学校教育活动的各个方面。

（2）在评价目的上，从通过教育测验来选拔适合教育的学生，发展到评价教育活动是否达到预定的教育目标，再发展到通过评价来改善教育决策、提高教育质量、促进教育改革，推动教育进步。

（3）在评价手段上，从推崇标准化的教育测量，发展到提倡观察、调查等手段的定性分析，再发展到广泛收集信息、进行解析论证、做出价值判断的一种定量与定性相结合的方法。

（4）在评价形式上，从成果性评价，发展到形成性评价，再发展到由输入评价、过程评价与成果评价相结合的多种评价。

（5）在评价程序上，从仅按照教育测量结论衡量教育工作，发展到依靠评价人判断教育效果是否符合教育决策者制定的教育目标，再发展到评价人和教育活动参与人广泛接触，共同确定评价内容和实施方案。

第二节 高等学校教育教学评价的理论与方法

高等学校教育教学评价又称高等学校教育评估。评估和评价的意义相近,可以通用。从严格的意义上来讲,评估指不带价值性的测量,评价是有系统的价值判断。评价与评等级也有区别,评等级只是评价的一个方面的内容,评价不限于评等级。评价与研究也有差异,研究是为寻求真理,评价是为了寻求价值。

一、教育评价的基本特征

(一)在评价内容上具有综合性

教育是一种复杂的活动,对其进行评价不仅是为了判断其符合教育目标的程度,而且要考虑教育过程和结构的合理性、教育内部各组成部分之间的有机联系以及对社会发展的影响。因此,教育评价的内容不是单一的,而是一种综合评价,其价值判断也是综合分析的结果。如学校办学水平评价就包括办学指导思想、思想教育和教学工作、培养人才的社会效益、教师队伍建设、教育设施评价等方面。

(二)在评价目的上具有决策性

任何评价的目的都是选择和制定最适宜的决策。教育评价的目的既是对它是否达到既定目标的衡量,也是对它今后能达到更加完善的境界进行诊断并提出建议,提出建议的目的就是为了教育改革进行决策。

(三)在评价方法上具有科学性

教育评价是一种对教育活动的客观而综合的价值分析和判断,它必须具有相应的科学方法,建立正规的评价制度、制订适宜的评价方案、建立有效的指标系统、具备明确的评价标准、采用科学的采集信息和对信息进行量化处理的方法等。另外教育评价需要成立专家小组,以便尽可能地排除个人看问题所带来的片面性。

(四)在评价结论上具有确定性

教育评价必须具有明确的结论。结论是教育评价的结果,也是做出重要决策的重要依据,是促进被评价对象自我完善、调节目标、改进工作的动力。教育评价的结论或者表现为确定合格与不合格,或者表现为提供优点与缺点,或者表现为得出综合分值,或者表现为分等排名等。

二、高等学校教育评价的特色

（一）高等学校教育活动的价值观

高等学校教育评价在本质上是对高等学校教育活动的价值判断，因此，认清高等学校教育活动的价值观，是了解高等学校教育评价特色的基础。

价值是指客体本身具有的属性同主体需要之间的一种特定关系，对这种关系的不同评价构成了人们各自的价值观。高等教育活动价值观念中的客体属性，是主体需要的价值对象。它们既可以是物质的如教材的教育价值，也可以是精神的如学校领导的政治作用；既可以是社会的如培养人才的社会效益，也可以是个人自身的如教师的教学质量。这些属性都表现为主体需要的价值对象，它们或表现为政治价值，或表现为经济、文化及教育价值等。

1. 高等教育活动的政治价值

只有高等学校教育具有了社会主义的政治价值，才能发挥它在党的领导下为社会做贡献的积极作用，具体表现为：在办学方针政策与指导思想上要符合社会主义的政治方向；在教育内容、方式和方法上要符合建设有中国特色社会主义的需要；在培养人才的政治立场和思想意识上能够为巩固和发展社会主义服务。

2. 高等教育活动的经济价值

当前，高等学校教育对社会发展的经济价值越来越大，具体表现为：高等学校通过传授科学文化知识和思想品德教育对人才进行再加工，提高了人才的平均质量；高等学校通过科学研究生产新的知识，通过技术开发推动技术进步；高等学校通过对教职工的活动和图书设备基建等物化劳动的投入，直接产出教职工劳动、间接产出学生的知识能力、最终产出为社会创造财富的人才。

3. 高等教育活动的文化价值

高等学校对国家民族的文化影响是全面的，社会意识形态的各个方面都与高等学校教育有密切的关系。如高等学校的学术成果有利于提高民族的文化水平，提升高校在国内国际学术界的地位与影响；高等学校的各种学术思想、流派、观点、伦理意识对社会具有重要的作用。

（二）高等学校教育评价的特色

高等教育是一项涉及因素多、复杂程度高的社会活动，其教育评价具有四个特性。

1. 层次性

我国的高等学校基本上分为三个层次：以培养研究生为主的学校、以培养本科生为主的学校以及高等专科学校。高等教育评价要根据不同层次学校的基本职能进行教育评价。

2. 社会性

高等学校教育评价要特别注意与社会的相互关系，这就要考察社会用人部门对高等学校毕业生的质量评估，经常收集社会上参加工作的本校毕业生的反馈信息。

3. 全面性

高等学校教育评价，既要重视德育、智育、体育等形成性教育活动的评价，也要注重对培养对象思想政治素质、业务知识水平、工作能力和个性品格等成果性教育效果的评价，还要提倡学生在自主学习过程中的自我评价。

4. 复杂性

高等教育评价要考虑到教育活动的复杂性：一是各种各样的因素在影响着人才的培养，外部环境如国家政策、民族历史文化背景、世界科学技术发展等，内部环境如办学的思想、条件、水平等，都对教育活动有影响；二是高等学校培养人才的教育效果有滞后性和潜隐性，学生在毕业后的一段时期内才能逐渐体现出教育效果，教育的精神因素是内在无形的，只有物化在具体活动中才能变成被人感觉到的东西。

三、高等学校教育评价的作用

（一）鉴定和诊断作用

高等教育评价能够指出被评价对象达到标准的程度、成绩与不足以及努力的方向，从而增强高校办学的活力与动力。如对学生完成作业的数量和质量、学习的能力和水平等方面的评价，对学生所学课程成绩的评定，可成为学生通过升级、获得学分和毕业的重要依据。

（二）反馈与沟通作用

高等教育评价通过反馈信息和沟通，可以达到调节教育状况，满足社会需求的效果，从而使高校主动适应政治、经济、文化、科技发展的需要，密切学校与社会的联系。其中有关大学生学业成绩的考核方式，可使大学生了解自己的学习情况，明确自身在学习态度、学习方法、思维能力、创新精神等方面的优点与缺点，不断促进自我发展和完善。

（三）监督与决策作用

高等教育评价是教育行政部门对学校进行监督的重要手段，促进教育行政部门决策的民主化、科学化，改进与加强对学校的宏观管理与指导。就学生的学业考核而言，在评价过程中获得的各种信息资料，可为教学计划的修订与完善提供重要的参考；也可使教师在了解学生学习状况的基础上，了解自身的教学效果，从而改进教学方式，不断提高教学质量。

（四）导向与激励作用

高等教育评价通过在评价基础上的政策导向，有效地引导高教改革，发挥其特有的激励作用。学业成绩考核可以激励学生学习的进取精神。

四、高等教育评价的基本原则

教育评价原则是人们在对教育评价规律认识的基础上提出的基本要求，确立教育评价原则是为了统一教育评价工作的思想和行动。一般来讲，高等教育评价应遵循以下原则：

（一）方向性原则

教育评价必须与党和国家的教育方针、政策相一致，体现社会主义办学方向，推动高教改革，增强对社会政治和文化变革的适应性。

（二）客观性原则

定标准要全面、科学与合理，评价要实事求是，不能主观臆断或掺杂个人感情。现以学业成绩考核为例，具体说明这条原则的应用：

（1）在考核内容上，必须反映教学大纲的要求，周密地安排试题的难度、覆盖面、典型性、类型搭配等。

（2）在考核评定上，要科学地设计和准确地把握评定标准，并尊重学生的独创精神，对敢于创新的学生要给予鼓励。

（三）全面性原则

不要过分强调某一单项标准，防止把教育工作引向片面性；要全面评价工作的优缺点，全面地听取教师、学生和领导各方面的意见。

（四）可行性原则

教育评价指标应可比、可测，简单方便；在评价过程中，既要考虑上级指定的教育基本要求，又要考虑本校的师资、生源、设备及历史情况，做出具体的评价分析。

（五）激励性原则

教育评价的目的在于推动工作，这就要采取动态与静态相结合、单项评价与综合评价相结合、定性分析与定量分析相结合的方法，既要对评价对象已达到的水平或已具备的条件进行判断，又要结合对象的过去表现及实际能力进行评判，肯定已取得的进步，并指出发展方向。

五、高等学校教育评价的要素和内容

（一）高等教育评价的要素

1. 评价目的

评价目的即为什么进行评价。通常一次评价解决一个问题，或者是综合性的办学水平的评价，或者是教学工作评价，或者是课程建设评价等。

2. 评价者

评价者即由谁来进行评价。评价者一般由熟悉高等学校办学宏观方面的专家组成。

3. 评价对象和内容

评价对象和内容即评价什么。如办学水平、教学质量、师资水平、教学管理、课程建设、专业建设等。

4. 评价的准则和标准

它是指教育主管部门制定的各种不同评价目的、内容的评价指标体系。制约整个评价工作和评价内容的称为准则，针对具体评价指标体系和因素的称为标准。

5. 评价方式方法

学校的评价方式一般包括：自我评价、主管部门评价、同行评价、用人部门评价、社会评价以及国际评价。

（二）高等教育评价的内容

根据评价对象来分，教育评价主要分为学校的办学水平评价、专业水平评价、课程评价、学生学业水平评价和教师教学质量评价等。办学水平评价是国家加强高等教育宏观管理的重要手段，它以整个学校培养专门人才为中心的教学活动为评价对象。专业是高等学校培养人才的基本单元，专业教育质量的高低在很大程度上反映了学校的办学水平，专业水平评价有力地推动了重点学科、专业的建设。课程评价的目的在于促进课程建设，推进教学改革，提高教学质量。对于大学教师来讲，应首先对学生学业评价和教师教学质量评价有深刻的了解。

第三节 高等学校的学生评估

一、高等学校学生评估的意义

一切教育评估都以学生评估为基础，因而它具有重要的意义。学生是教育的对象，也是学习和自我教育的主体,学校的教育活动只有使学生在认知、情感、心理、行为等方面产生预期变化时,才能说是有效的。对高校学生进行全面评估,可使学校各级领导和教育主管部门及时了解学校教育工作的综合效果、存在的薄弱环节,以制定改革的措施;也为学生正确地认识自己,明确努力方向,提供必要的信息;用人部门择优录用毕业生,也要以学生评估为依据。

二、高等学校学生评估的目的

(一)有利于全面贯彻党的教育方针

高等学校是根据教育方针制定培养目标,作为教育工作的准则。对学生进行全面评估,可以反映出学校各方面工作中贯彻教育方针的状况,有助于各级领导总结经验,找出差距,采取相应对策和措施。

(二)有利于协调学校各方面的工作

学生从进入高校到成为社会的建设者,凝结了许多教育工作者的心血和期望。因此学生评估所反映出来的问题,实质上反映了学校工作的薄弱环节或某些方面协调不好、配合不当。评估所反馈出的信息,将有助于学校各部门之间在认真检查自身工作的基础上,加强联系与沟通,真正做到"齐抓共管",提高培养人才的质量。

(三)有利于提高学生的自我教育能力

学生的自我评估是学生评估的重要组成部分,自我评估就是要求学生按照培养规格,对自己的德、智、体、美、劳等方面做出实事求是的评价。这有助于学生正确认识自己,促进学生的全面发展。

三、高等学校学生评估的类型和基本内容

(一)高等学校学生评估的基本类型

根据评估的目的要求和对象范围的不同,可把学生评估分为单项评估和综合评估。

1. 单项评估

它是学生评估中经常使用的一种形式,如思想政治教育评估、体育评估,一般由主管部门组织。其特点为:

(1)过程性。单项评估是针对学校某一方面的教育工作,系统地收集信息和数据,在进行目标评估的同时特别注重过程的评估。单项评估的意义在于使主管部门了解情况,加强指导;督促学校自我检查,找出优势与不足,以便改进工作。

(2)群体性。单项评估是考查学校某方面教育工作的效果在学生群体中的反映,其评估对象是学生群体。

（3）专业性。单项评估是从一个侧面反映学校整体工作的综合效果，具有较强的专业性，可以让学校之间相互比较。

2. 综合评估

综合评估的对象有两种情况，可以是学生群体，也可以是学生个体。如评选学生先进班集体就是以学生群体为对象的评估。另外，高校合格评估和办学水平评估，也包含着对学生德、智、体等方面进行的综合评估。以学生个体为对象的综合评估的特点是：

（1）综合性。综合评估是对学生德、智、体等各个方面进行评估，涉及面广，信息量大，这就要对收集到的信息进行综合分析。

（2）操作性。综合评估一般与学生年终总结、毕业鉴定等综合进行。其评估结果经常作为评三好、优秀干部、评定奖学金、择优向用人部门推荐毕业生的依据。

（3）敏感性。由于每一个学生个体都参与自评，且评估的结果与学生利益直接相关，学生对评估结果非常注意，也很敏感。

（二）高等学校学生评估的基本内容

我国对学生的评估一般从德、智、体三方面入手：

1. 德育

德育评估的内容一般有政治素质、思想道德、理想信念、学习动机、集体观念、团结协作、遵纪守法、劳动卫生等。

2. 智育

智育方面的评估主要有学业成绩、学习能力与科研能力等。关于学业成绩的评价下面有专门论述。

3. 体育

它的评估内容有身体的技能情况、体育锻炼达标情况以及体育竞赛成绩等。

四、学生学业评价

学业评价又称学业成绩考核，是运用测量手段对学生个体发展和学习效果做出价值判断。考核包括检查、分析和评定等方面，它与讲授、辅导、作业等活动是教学过程的重要组成部分。

（一）学生学业成绩的考核

一般来讲，学生学业成绩的考核可分为平时考核和总结性考核两种形式。

1. 平时考核

平时考核又称进展性考核，是在教学过程中进行的考核。当前考试改革的趋势就是特别重视平时考核，以避免一次性总结性考核的片面性。平时考核可培养学生良好的课堂思考习惯，有利于及时得到信息，及时改进教学。平时考核的具体方法主要有：

（1）平时观察。平时主要观察学生在学习活动中的积极性、学习的态度和能力，以作为评定学生学业成绩时的参考。

（2）检查作业。检查学生的习题作业、实验实习报告、读书笔记等，可以了解学生的独立学习能力和思维创新能力，评定的成绩是学生平时成绩的主要部分。

（3）课堂讨论。学生在课堂讨论时的发言，是了解学生知识技能掌握状况的基本途径。课堂讨论发言的次数、正确性与深刻性，表现出了学生的主观努力程度和能力发展水平。

（4）书面测验。书面测验的实施要考虑课程的性质，所用时间不宜过长，一次测验不要超过一节课。

2. 总结性考核

总结性考核是一门课程学习结束时进行的考核，由于它一般在学期或学年末进行，故又称为学期考核或学年考核。考查和考试是总结性考核最常用的方法。

（1）考查。考查有两种内涵：一是对平时考核情况的总结性评定；二是选修课的评定方式。如果学生的学业情况已经达到教学设计的目标，可评定为考查合格。当教师难以认定学生的掌握情况时，可在规定时间内对其进行某种方式的考查，如个别提问、个别操作、书面测验等，然后确定其考试成绩。在选修课教学时，因为平时缺乏检查作业以及其他可供考查参考的依据，则可进行全班性的书面或口头检查。考查不同于考试，因而其方法要有别于考试。有些课程可以要求先考查，合格后再进行考试；有些课程可以规定平时不交作业或实验报告就不能参加考试。

（2）考试。考试即教学考试，又称学科成就测验，是对大学生学业成绩的全面检查与评定。它是最常用的评价学生学业成绩的方法。考试适用面大，经济方便，可以检查学生知识技能的掌握水平以及其他方面的发展情况。考试的结果相对公正，但也不要过分地迷信分数和简单地追求分数，因为任何考试都不可能完全真实地反映学生学业成绩的整体面貌。以下对几种常见的考试方法做些介绍：

第一，教师自编测验与标准化考试。教师自编测验是教师依据具体的课程与教学目标和内容，涉及若干题目并编成试卷，然后对学生测验。它适合学生实际，比较灵活，但教师自身的水平制约了测验的质量。标准化考试有专门的设计、组织和实施，质量较高，科学性较强，但所需费用较高，一般适用于国家正规的等级考试。

第二，口试与笔试。口试是通过师生对话考核学生学业成绩的方法。教师根据教学大纲的要求把课程内容归纳为若干试题，然后按照难易程度和分量变成一定数量的试题卡，学生通过抽签确定考题，经一定时间准备后，口头回答问题。口试可以补充提问，可准确地考核学生掌握知识的广度和深度；口试可改变学生的学习方法，它要求学生理解知识结构及其内部联系，而不能死记硬背；口试可直接点评学生的优点和缺点，对学生有直接的帮助；口试可培养学生思维的敏捷性，提高学生的口头语言表达能力。口试的缺点也非常明显，它费时费力，容易分散教师的注意力，影响评定的准确性；口试的内容较少、难易度很难均衡以及教师的印象等，影响了评定的公允。

笔试是最常用的考试方法。在笔试中学生能够较好地表达思维过程，反映出文字叙述的知识和技能；笔试内容丰富，覆盖面更宽；笔试试题相同，便于学生之间成绩的比较。笔试有开卷与闭卷之分。闭卷是目前采用较多的一种方法，比较容易组织。开卷是把试题公开，由学生通过看书研究回答，学生之间不允许相互讨论、抄袭。开卷考试对试题的要求较高，要想回答问题，学生必须深入了解教材内容，既包括教材与笔记的复习，更要综合运用课本与参考资料的内容。

第三，常模参考测验与目标参考测验。人们在反思传统考试的同时，越来越重视现代教育测验。传统考试试题的难易程度、分量大小等缺乏严格的标准，分数的评定容易受主观因素的干扰。正是针对以上问题，出现了常模参考测验与目标参考测验。

常模参考测验的材料由测验专家集体研究、编制，它的试题量很大，要求答案简明，有统一的评定标准，并对可能出现的测量误差进行严格控制。其具体测验步骤是：先用测验材料对同年级、同水平的学生试测，求出平均成绩，以用作"常模"；再任选一套测验材料，对学生进行实测，教师将得到的学生成绩与"常模"进行比较，以确定每个学生在团体中的相对位置。常模参考测验对检查技艺、判断、推理等能力具有明显的作用，但很难发现学生思维的特征，预测其学习潜力。

与常模参考测验不同，目标参考测验的参考标准不是"常模"，而是教学目标。前者一般用于鉴别学生之间的成绩差异，后者主要是测量学生成绩与事先规定的学习目标之间的差距。

（二）学生学业成绩的评定

1. 成绩评定的基本要求

客观、公正、科学、统一是评定学生成绩的最基本要求。客观是按评定的具体标准进行，避免主观性；公正是一视同仁，避免感情用事；科学是指评分的标准和方法要严谨；统一指目标要统一，前后一致。一般来讲，制定评分标准时要注意考虑的问题是：知识的广泛性和深刻性；分析与解决问题的能力；技能技巧的正确性和熟练程度；求异思维和创新精神；所犯错误的性质与数量；文字表达能力等。

学生成绩的评定只能依据学生回答的实际情况，避免无关因素的干扰。像因为思想好就加分，因为平时表现不够好就扣分，就违背了学业成绩评定的基本原则。因此，评卷是要采用流水作业式、复评式，教师要排除各种干扰，保持心理的平衡状态。

2. 成绩评定的方法

（1）记分法。等级制和百分制是目前广泛采用的分数制度。等级制包括二级制、三级制、四级制、五级制和十级制等。考查可多用合格与不合格的二级制，实验、实习、论文多采用优、良、中、差的四级制或优、良、中、及格、不及格的五级制。一般课程多采用百分制或先用百分制再折成五级制的，通常90分以上为优，80～89分为良，70～79分为中，60～69分为及格，60分以下为不及格。

当前各高等学校正在大力推广学分制，学分制的学习量计算方法为，每门课程上课1学时、自学2学时、修满1学期，考试及格可获得1学分。但这难以反映学生的学习质量，因此就要引入绩点制。绩点制是把不同的考试成绩反映在学分中的一种计算方法，其具体方法是：把不同考试成绩分成若干档次，给以不同的权重数，如采用五级制，则给予五个等级的分数，即4、3、2、1、0。每门课程的绩点就是用所得学分数乘以权数，如一学生修习一门课程的学分为2，该课程的考试成绩为良，那么该学生这门课程的绩点数为2×3=6，即6个绩点。这样，学生在整个学习期间所学课程可获得一个总绩点数，用总绩点数除以学习分期就可得到平均绩点数。在学分相同的情况下，平均绩点越高，学生的学习水平越高。绩点制把学习数量与质量统一起来，克服了学分制的弊端。

3. 绝对评分法和相对评分法

绝对评分法是以学生对考核的全部内容的掌握程度为依据的评分方法。以百分制为例，学生答对所有试题，就评为100分；若全部答错就评定为0分。及格线可任意确定，一般以60分为及格。相对评分法又称常态（正态）分配记分法，是以学生的学业成绩相互比较从而确定在全班学生中的相对位置为依据的评分方法。它常用等级制表示。与绝对评分法不同，它将学生的原始成绩按顺序排列，然后根据统计学的常态分布原理，参照常态曲线下对应的面积，规定各等级得分人数的比例。

我国现行的评分制度，大多为绝对评分。有时根据需要可将百分制的绝对记分转化为相对记分。相对记分的优点是可以较好地确定学生的成绩在全班中的相对位置，对于选拔优秀学生具有重要的价值。

第四节　高等学校教师教学水平的评价

教师的教学水平同时体现出教师的素质、思想、学术水平，因此，对教师教学水平的评价，直接影响着人才的培养质量。

一、高校教师教学水平评价的意义

在教育评价历史较长的发达国家，对高校教师教学水平的评价已经得到普遍的开展。在我国的高等教育评价中，它是进展最好的一种评价方式，并为广大教师所接受。

（一）教学水平评价是高等学校教育评价中最基本的评价

学校能否培养社会所需要的高级专门人才，关键在于教师。学校和专业的办学水平、课程教学质量的高低，主要受教师素质和水平的制约。教师是专业建设、课程建设和科学研究的主要实施者，是高等学校办学中的最重要因素。纵观高等教育的各种评估，都把教师的教学水平评价作为重要的内容。因此，对教师教学水平的评价是高等教育评价中最基本的评价。

（二）教学水平评价是高等学校教师评价中最基本的评价

高等学校的教师要承担教学、科研以及社会活动等多种任务，但教学是最基本的任务。目前几乎所有的高校都在进行对教师教学水平的评价，大大改进了教学工作，提高了教学质量。教师的教学水平是高校教师水平的基本体现。

（三）教学水平评价是高等学校教师最重视的一项评价

教师教学水平是师生共同关心的问题，因而人们迫切希望有一种科学、可行的办法，对教学质量进行客观的评价；教师教学水平评价的内容比较具体，信度和效度较高；教师教学水平直接影响着学生的学习效果，通过评价发现问题，改进教学，会受到师生的欢迎；教师教学水平评价与学校政策有密切的关系，激发了教师的积极性和创造性。因此，它受到人们的特别重视。

二、高校教师教学水平评价的依据

（一）有关高校教师职责和任职条件的规定

1986年国家教育委员会颁发的《高等学校教师职务试行条例》，明确规定了各类职称的职责以及相应的任职条件，其中包含对教师的教学要求，它应当成为教师教学水平评价的基本依据。

（二）高校教学目标以及教学基本要求

任何一门课程或一项实践活动，都有各自明确而具体的教学目标。教学大纲以及教学的基本要求是课程的教学目标，对教师教学水平的评价，应以教学目标为依据来检验教师达到的程度。

（三）专业和课程评价的特殊要求

高校专业办学水平的评价内容有专业的适应性、教育过程、办学条件以及教育质量等。其中教学工作和教学改革是一项重要的内容，它包括任课教师的配备情况、课程教学质量以及教学改革，都与教师的教学水平有着密切关系。课程评价的所有四个方面内容包括师资条件、教学条件、教学实施过程及教学效果等，都离不开教师的教学水平。

参考文献

[1] 罗平.高校课程教学质量提升路径探析[J].黑龙江教育（高教研究与评估），2017(7)：72-73.

[2] 韦金亮,莫海燕.可持续发展视野下新时期我国高等教育教学质量的提升[J].大众科技，2012，14(6)：182-183.

[3] 刘刚.新时期高等教育教学改革质量提升策略研究[J].亚太教育，2016(20)：50.

[4] 黄泽友.论如何提高教学质量来提升高校的竞争力[J].科技广场，2007(10)：150-152.

[5] 宋瑞.浅谈高校的教育教学质量问题[J].河南商业高等专科学校学报，2011，24(4)：113-115.

[6] 郑小伟.以全面质量管理为导向提升高等学校教学质量[J].中国轻工教育，2010(2)：50-52.

[7] 张艳慧.新时期高等教育教学公平价值取向探讨[J].科教导刊，2014(9)：15-17.

[8] 秦苏滨.我国高等教育政策的公平价值取向探讨[J].湖南社会科学，2010(11)：28-29.

[9] 杨志成.新中国基础教育政策价值取向研究:政策生态学视角[J].东北师范大学，2013(12)：10-12.

[10] 漆新贵.文化价值观对高等教育服务公平性与学生满意度关系的影响研究[J].西南大学学报，2013(10)：34-35.

[11] 岳金辉.省域基础教育资源优化[J].西南大学学报，2015(10)：21-22.

[12] 丁要辰.关于高等教育质量标准的价值取向分析[J].黑龙江高教研究，2006（7）：17-18.

[13] 王永林,王战军.高等职业教育评估的价值取向研究：基于评估方案的文本分析[J]教育研究，2014(2)：43-45.

[14] 张红峰.高等教育价值取向博弈分析[J].教育发展研究，2008(11)：12-14.

[15] 陈巴特尔,徐春阳.高等教育多样化背景下少数民族学生帮助系统之探索[J].民族高等教育研究，2016(2)：26-27.

[16] 冯年华, 陈小虎, 吴钟鸣. 应用型本科高校在线开放课程建设的思考与实践 [J]. 中国大学教学, 2016（3）: 58-61.

[17] 冯年华, 陈小虎, 吴钟鸣. 应用型本科高校在线开放课程建设的思考与实践 [J]. 中国大学教学, 2016（3）: 58-61.

[18] 张雷. 国家精品在线开放课程助力慕课建设: 2017年国家精品在线开放课程信息研析 [J]. 教育观察（上半月）, 2018, 7(11): 122-125, 132.

[19] 甘百强, 张弛. 精品在线开放课程建设思路探究 [J]. 现代经济信息, 2018（7）: 426.

[20] 刘杰. 新形势下的大学英语精品在线课程建设新构想 [J]. 当代教育实践与教学研究（电子刊）, 2018（7）: 929-931.

[21] 张郭军, 杨方琦. 高校精品开放在线课程建设策略研究 [J]. 渭南师范学院学报, 2016, 31(10): 29-34.

[22] 覃文松, 洪波海. 推进精品在线开放课程建设的策略: 基于国家精品资源共享课使用调查的探讨 [J]. 高等理科教育, 2018（5）: 58-64.